U0033813

中國國民黨
中央政治會議紀錄

—— 北京、北平、太原分會 ——

Minutes of Central Political Council:

Peking Sub Political Council and Taiyuan Sub Political Council

導言

「中央政治會議」（簡稱中政會），原是 1924 年國民黨改組時期的產物。該會自 1924 年建立到 1940 年代，其名稱、組織、人事、功能，隨時局迭有變遷。概略地說，改組前，國民黨的組織採總理制，孫中山是不二的黨魁；改組後取委員制，這是有鑑於中央執行委員人數太多（41 人），運作不易，孫中山聽取俄國顧問鮑羅廷（M. Borodin）的建議，仿俄共中央政治局的模式，建立一個核心、人少的中政會，以為運作靈活的決策中樞。

孫中山過世之前，中政會設在廣州，南方的凝聚、國共糾紛的處理，是他們首要的工作。廣州中政會隨孫中山北上移往北京，1925 年孫中山過世後，遷回廣州。這時他們主要的重頭戲是總理過世後，國民黨政治權力的傳承與轉移，這過程中鮑羅廷的角色，動見觀瞻。1926 年 1 月，國民黨第二次全代會修正的黨的「總章」，賦與中政會黨規上的合法性。接著的二屆一中全會（1926 年 1 月23 日）通過〈政治委員會組織條例〉（全文如附件），推定汪精衛、譚延闓、胡漢民、蔣中正、伍朝樞、孫科、譚平山、朱培德、宋子文為委員，並同意在重要地方可設立地方分會，自是北伐後中央政治會議各地設立分會有了正式法源。由於中政會與中常會，不論委員人選或權力分配上，均有疊床架屋之虞，1926 年 7 月初，中常會決定將兩會合併為「中央政治會議」，委員有 26 人。但因為時局動盪，中政會在國共爭執、黨內左右派互爭下，權力起伏不一。

1927 年 3 月，在軍事北伐過程中，武漢國民黨左派勢力集結，又改中政會為政治委員會；在南昌的國民黨中央，則仍依廣州中政會常規以政治會議持續運作，後來逐漸演變為寧漢分裂的局面。當 1927 年 9 月，寧漢合作，中央特別委員會在南京成立，中政會也宣告消失，該年 12 月底，特委會結束，1928 年 1 月 7 日，中執會首先恢復了中常會；1 月 11 日，恢復中政會，仍稱為政治會議。1928 年 2 月 3 日，國民黨二屆四中全會通過議案，決定設置廣州、武漢、開封、太原四個政治分會，稍後並由李濟深、李宗仁、馮玉祥、閻錫山分任主席，各有歷史淵源、特定轄區、各具現實意義。中政會是國民黨中央執行委員會特設的政治指導機關，其決議由中執會交國民政府執行，地方分會則秉承中政會的決定，在特定地區內有指導、監督該地最高政府之權力。這些地方分會常隨政治變動而變動，中政會則持續運作，直至 1940 年代才告一段落。

1926 年 1 月，國民黨第二次全代會，既有決議國民政府所在地設立政治委員會，必要時可以在重要地點分設政治指導機關之規定，於是中政會地方分會先後成立，並隨政局變動不居，自有其任務和角色。目前中政會北京、廣州、上海及太原地方政治分會留存有會議紀錄，依檔案略窺其設置情形如次：

一、中央政治會議北京（北平）政治分會。1926 年 3 月 1 日，北京首先設立分會，當時仍在國共合作時期，故可看到中共黨員的身影。此分會委員初期包括于右任、丁惟汾、于樹德、李大釗、顧孟餘、陳友仁、劉守中、吳稚暉、李石曾、王法勤、徐謙等人。根據現存 1927 年 5 月 10 日的北京分會會議紀錄，出席人有李希逸、王法勤、江浩、徐謙、吳玉章、方如心、陳濤、陳公博等，可見不同時期有不同的人事安排。1928 年 7 月，北伐告一段落，國共分裂，分會重建，更名為中政會北平臨時政治分會。委員會成員大半來自中央委員，以及對該地區有影響力的軍政人員。1928 年 7 月 17 日，北平臨時分會正式成立，轄區有京兆、直隸、熱河、山西、平津。當時出席的委員有閻錫山、蔣作賓、劉守中、白崇禧、陳調元、李宗侗，後來又有林森、張繼、李石曾、商震、劉震華、方振武、何其鞏等人。北平臨時分會會議紀錄始於 1928 年 7 月，至 1929 年 2 月 1 日止，共40 次。

二、中央政治會議廣州政治分會。1926 年 10 月，北伐軍克復武漢，國民政府及國民黨中央北遷，中政會亦隨之北移，因後方根據地地位重要，中政會乃決定在廣州設立分會，該分會於 12 月 21 日成立。次年 9 月間，中央特委會雖然取消中政會，但廣州分會仍然維持。1928 年 2 月二屆四中全會，再確定設立廣州政治分會，並規定兩廣為政治指導區，委員先後有李濟深、甘乃光、戴傳賢、黃紹竑、陳孚木、朱家驊、李福林、林雲陔、李文範、馮祝萬、陳樹人、陳銘樞、陳可鈺等人。現存 1926 年 12 月 21 日至 1929 年 3 月 9 日，第1 至 184 次會議紀錄。

三、中央政治會議武漢政治分會。1926 年 9 月 18 日，移往南昌的第 22 次中政會決定在武漢設立分會。待政府遷鄂，並未成立此會。次年中央特別委員會時期，唐生智另組中政會武漢分會，委員有唐生智、顧孟餘、陳公博、王法勤、潘雲超、陳樹人、楊嘉祐、朱霽青、王樂平、孔庚、劉成禺、樊鐘秀、方振武、魯滌平、劉興、何鍵、李品仙、鄧壽荃、周爛、葉琪、王琪、李書城、馮慶柱等人。唐生智敗後，解散。1928 年 2 月，中央二屆四次全會決定設立武漢分會，以兩湖為指導區，同年 5 月 16 日正式運作，委員先後有李宗仁、程潛、白崇禧、胡宗鐸、張知本、嚴重、陳紹寬、李隆建、張華輔、劉嶽峙、魯滌平等人。現存 1928 年 5 月16 日至1929 年 2 月 19 日，第1 至49 次會議紀錄。

四、中央政治會議上海臨時政治委員會。1927 年 2 月 21 日，中政會第 62 次會議決定在上海設立臨時政治委員會，同月 26 日第 64 次中政會通過〈上海臨時政治委員會條例〉七條。同一年 4 月 8 日國府定都南京後，正式成立中政會上海臨時分會，主管上海市政治、軍事、財政事務。委員先後有吳稚暉、蔡元培、鈕永建、陳其采、蔣尊簋、楊樹莊、何應欽、葉楚傖、陳果夫、郭泰祺、林煥廷、吳忠信、白崇禧、楊賢江、楊銓、褚民誼、潘公展、孟心史、張性白、歐陽格、吳倚傖、陳群。到 1927 年 7 月，上海特別市政府成立，取消了分會。現存1927 年 4 月 8 日至 7 月 1 日，第 1 到 38 次會議紀錄。

五、中央政治會議太原臨時政治分會。先是中政會第 103 次會議雖議決設置太原分會，但未正式成立。至 1928 年 2 月，中央二屆四次全會決議設立太原分會。1928 年 8 月正式成立，委員會有閻錫山、趙戴文、賈景德、南桂馨、商震、馬駿、溫壽泉、田桐、方本仁、張勵生、祁慈厚等。以山西、綏遠、察哈爾為政治指導區，現存 1928 年 8 月 21 日至 9 月 7 日，第 1 至 6 次會議紀錄。

以上五分會之會議紀錄，均依原件錄存，備供學術研究之需。

依記載，1927 年，國民政府定都南京後曾設立中政會浙江分會，到中央特別委員會成立時取消；1927

年 6 月 13 日，曾設立中政會開封分會，主理陝、甘、豫諸省政軍事務，何時結束，無案可稽。此二分會均無會議紀錄留存，只能從闕。

附件

中央執行委員會政治委員會組織條例

——中國國民黨二屆四中全會(民國15 年1 月23 日)通過

常務委員會提出「中央執行委員會政治委員會組織條例」共計七條如下：

（一）政治委員會，為中央執行委員會特設之政治指導機關，對於中央執行委員會負其責任。

（二）政治委員由中央執行委員會推任之。

（三）政治委員會，認為必要時，得推任同志在某地方組織分會，其權限由政治委員會定之。

（四）政治委員會設委員若干人，候補委員若干人，政治委員有缺席時，由出席之候補委員依次遞補，有臨時表決權，餘只有發言權。

（五）中央執行委員會，得聘任政治執行委員會顧問，在政治委員會只有發言權。

（六）政治委員會，由委員互推一人為主席。

（七）政治委員會，設秘書主任一人，秘書辦事員書記若干人，由主席任命並指揮之。

編輯凡例

一、本書收錄中國國民黨1927至1929年間，於北京、北平及太原所設各中央政治會議分會會議紀錄。

二、本書材料來源以當時手抄原稿為主，以部分有油印出版之會議紀錄交互比對。如油印版本文字與原稿有出入處，則以〔 〕表示。

三、本書原稿為無標點文件，為便於閱讀，於決議案及附錄原呈加具標點，案由則為保留原題，不註標點。又挪抬、平抬等書寫格式，一概從略。

四、本書內容為保留原意，贅字、錯字等均不予更正。油印原稿中之漏印文字，以□表示，亦不加補正。至古字、罕用字、簡寫字、通同字，若不影響文意，則改以現行字標示，恕不一一標注。

五、本書改原稿之豎排文字為橫排，惟原文中提及「如左」等文字皆不予更動。

目 錄

北京分會（1927）

中央政治會議北京分會討論紀錄

1927 年 5 月 10 日

第一次會議（速紀錄）

五月十日

到 會 者　李希逸　王法勤　江浩　徐謙　吳玉章
　　　　　方如心　陳濤　陳公博

北京政治分會權限問題

季龍：以前北京政治分會所做，不僅指導政治並可以指導黨務，三二以後雖不特公開，工作仍照常進行。四月底高餘等南下，人數已不夠，所餘僅守常一人，現在應如何繼續工作。

江浩：政分會工作應有具體規定。

季龍：河南不久可肅清，可暫在武漢暫設辦事處。

立齋：對奉天須不使其再回直隸。

陳濤：以前有許多軍官、軍閥、政客到北京政治分會接頭要名義，外交上亦有接頭。

季龍：外交情形已與昔不同。

陳濤：以前美國公使常和我們接頭。

公博：外交上是靠不住的，可以不問，應專注意軍事。

立齋：對於請委種種臨時軍事名義事應如何處理。

季龍：此種名義當然可以由政治分會委派。

公博：外交上事情是靠不住的，現應專注意軍事。我們計畫三個月到北京，應討論如何應付。

竹元：對外交上可以商量。

公博：除保護不平等條約之外，如保護外人生命財產事，可以隨時應付。

立齋：軍事問題

決議：委任軍長仍照以前決議（常委第五次擴大會決議）辦理，其軍長以下名義及各種臨時名義，如別働隊司令等名義。

公博：軍長名義可用東北軍第貳軍名義。

竹元：前此決議可以不必加解釋，應臨時酌定。

希逸：應根據全部軍事計畫作北方軍事活動計畫。

公博：第一期軍事計畫僅到鄭州，第二期計畫尚未規定。

陳濤：以前軍士與我們接頭的有四五萬人，內中具有很強戰鬥力的有一、二萬，人民團體、槍會等有二十萬人。

公博：倘係集中的力量，則十萬人已可有動作。

玉章：山西問題很要緊。

陳濤：閻錫山曾於四月八日派人到北京，要求北京應採上海方法舉行暴動。

竹元：軍事計畫現在不能預定，須俟聯絡有把握再具體規定。

公博：應恃北方軍事實力，報告軍委，請其規定計畫準備活動。

決議：注重破壞工作，至重要軍事行動應聽軍事委員會解決。

政治問題

立齋：直隸是否應行組織省政治分會。

公博：此非必要。以前各省皆有政治委員會，下設政務委員會及財政委員會，現在已非必要。因政治委唐主席、政務委鄧主席、財委陳主席，權當無流弊，在贛則流弊百出。現則有一政務委員會已足，北京特別市、直隸省均應有此種組織。

山西派人問題

公博：閻目的，一在保全山西，一在防馮復仇，他隨老蔣去是不會的。派人是不成問題，但目前不派人去也無妨礙。

陳濤：討赤問題，奉閻是妥協了的，但只是暫時的地盤設法解決，奉張確曾下令對右派要保護，蔣對閻要奉張保護，並計畫要閻地位超過馮玉祥。西北軍出潼關，閻有派兵趨西安可能。

決議：在政治會議提出，急速派人前往，在必要時可由北京派人前往。

第一次會議

時　　間　五月十日上午十時

地　　點　中央黨部

到 會 者　徐謙　王法勤　江浩　陳公博　吳玉章
　　　　　李希逸

參 加 者　陳濤

主　　席　王法勤

紀　　錄　李希逸

決議事項

1. 北京分會權限問題

應注意應付政治及軍事工作，外交上之接洽須在不妨礙中央統一外交政策範圍以內。重要問題仍須稟承中央辦理，黨務事項應完全歸各級黨部處理。

關於北方各系投誠軍人請委名義事，應遵照中央常務委員會第五次擴大會議決議辦理。其軍長以下名義及各種臨時名義，可由北京分會直接處理。

2. 軍事問題

奉軍以前曾和北京分會發生關係者約計有四五萬人之譜，所能影響之武裝農民約有二十餘萬人。目前應注重破壞工作之準備，並應將北方軍事實力報告軍事委員會，規定計畫準備活動。

3. 政治問題

對於京兆特別區及直隸省，均應準備政務委員會之組織。

4. 派人赴山西問題

提出中央政治委員會急速派人前往，於必要時亦可由北京分會派人前往。

5. 交通問題

由王法勤、江浩、李希逸三同志會同陳濤同志詳細規畫。

6. 撫卹問題

京津死難同志每人發給喪葬費壹佰元，撫卹家屬問題應斟酌各人家庭情形規定辦法。

7. 經費問題

由陳公博同志查照預算原案再行撥發。

（註）中央常務委員會第五次擴大會議原文係「本會給北京政治分會特權，於必要時，可由該會先行委任兩個軍長」。

北平分會（1928 - 1929）

中央政治會議北平臨時分會議事錄

1928 年 7 月 17 日至 1929 年 2 月 1 日

第一次常會

日　　期　民國十七年七月十七日（星期二）
　　　　　上午九時開議
地　　點　集靈囿
出席委員　閻錫山　蔣作賓　劉守中　白崇禧
　　　　　陳調元　李宗侗
閻委員錫山　代理主席
秘 書 長　俞家驥
記　　錄　李銘

主席恭讀遺囑，宣告開議。

甲、秘書長俞家驥報告文件

乙、討論事項

（一）本分會議事細則案

決議：每星期二、五開會二次，除第七條修正外，餘照原案通過。

附錄修正第七條條文

第七條　各項議案須於開會前提出，編入議事日程。如議案有須提前或併案討論時，主席得依委員多數同意變更議事日程。

遇有緊急事項得臨時動議，但須有二人以上之附議方能成立。

（二）本分會秘書處組織條例草案

決議：除刪除第七條，並將第八條改作第七條、第九條改作第八條外，餘照原案通過。又決定制定本分會組織單行條例，以明權限。由主席指定蔣委員、劉委員、李委員為起草員。

（三）白委員提議革新北平諸般設施程序案

一、電陳中央依照第四次全體會議停止容共時之民眾運動

決議：電請中央政治會議請轉商中央黨部，對於負責人員究應如何指示，必須與各省一律辦理，以免紛歧。

二、河北省政府應移設北平

決議：建議中央。

三、改革風俗

決議：一方面電陳中央迅速制定禮制，一方面由會草定臨時禮制暫行適用，並組織戲劇研究委員會，其組織方法由秘書處起草。至剪髮、放足兩事由會通令各省市政府嚴厲執行。

四、整頓學校教育實行三民主義化

決議：關於大學部分建議中央國民政府及大學院，並請示本分會是否有指導監督之責任。關於中小學方面通令省市教育主管機關查照辦理。

五、河北省設立黨校造就黨的幹部人才

決議：通過。先由秘書處調查，組織條例下次會議提出。

六、實行縣長考試制度

決議：通過。並增加財政及教育人員一律舉行考試，由秘書處起草考試單行章程，通令省市政府施行。

七、訓練各機關人員使成三民主義化

決議：由秘書處擬訂辦法通令施行。

（四）戰地政務委員會移交天津警備司令部請指撥的款以清挪墊案

決議：呈請中央轉飭財政部撥款償付。

（五）世界紅卍字會請籌撥車輛專運煤糧預防水災而維民食案

決議：令知平奉、平漢各路局照撥車輛。

（六）北平黨員郭究竟條陳時事請提交第五次大會案

決議：存案。並決定以後各項建議無須列入議事日程，彙案呈閱，以備採擇。

（七）中華南極商務航業公司電請通電提倡案

決議：批令既已呈請各主管機關立案，應聽候各主管機關諭示。

附錄原件

白委員崇禧提案——革新北平諸般設施程序

為提議事，北平為專制政治之唯一策源地，亦即吾黨革命之唯一對象。黨軍收復伊始，中央即令設置本分會代表，諸般措施，積痞既深，拔除匪易，且外國使館叢集，直接予外論以資料，即間接影響於一般國際政治。本席以為首先應從消極改革入手，由除舊而後謀及布新，茲謹條例數端於左。

一，請電陳中央依照第四次全體會議停止容共時之民眾運動方案。查第四次全體會議，蔣總司令所提出之整理黨務案主張暫行停止容共時之民眾運動，業已議決，一致奉行在案。現北平各種工會近日紛紛成立，最近且有與地方人民及機關人員衝突之事登載報端，似此情形必有共黨借此挑撥階級鬥爭，希圖擾亂秩序，不但有傷黨國威信，且置總理遺訓於何地。擬請電陳中央政治會議轉商中央黨部，對於負責人究應如何指示，必須與各省一律辦理，以免紛歧。

二，河北省政府應移設北平。改革須有改革之機關，本分會為指導監督，欲諸般政治改革見諸實際，須賴有省政府與市政府之措施。市政府限於市區，故省政府最關重要。前此直隸省會不在京都，因時制宜，別有用意。今首都既定在南京，亟宜將河北省政府移設北平，使本分會與省政府、市政府之人才結為一團，庶形勢不致隔膜，此其一。查北平地廣民眾，學校林立，素為北方文化薈萃之區，省會果能置此，不惟保存其固有之文化，將益發展推進於滿蒙。不然時遷月異，將有廢弛之可慮，此其二。北平人口據報前年調查有百二十萬之多，首都既經南遷，工商業必漸衰微，一般勞動者之生計益形困難。省會果能置此，注重工商業之發展，並改善勞動者之生計，如是首都南遷，不特未見其害，且蒙其利，此其三。反是省會仍置天津或保定，論天津交通便利，似為適宜，並不知天津乃一商埠，偏處海隅，與列強租界地毗連，素為失意政客、亡命官僚與殘餘軍閥之逋逃藪。往往政局被其挑撥而轉移，且其背後即為帝國主義者暗中操縱，欲一省之政治自由進展殊不可多得，自由平等之謂何，其不宜再為省會也，明甚。次言保定地域不廣亦偏於一隅，不如北平遠甚，此其四。有以上諸理由，應請決議，迅速施行，使北平地方仍為一政治文化中心，一切改革容易收效。

三，改革風俗。舊染污俗，咸與維新實為古人政治革命要旨之一。北平社會繼承專制政體所遺留之俗習，迄未廢除，大之如冠、婚、喪祭之禮儀，小如耳目聲色之娛樂，均係帝制遺下之奢侈陋習，至今仍行存在，不事變更。據最近調查，即撿煤球為職業者，遇喪事亦必八人槓、十六人槓，遇喜事亦必四人轎、八人轎牌，金執事依照前清仍一腐敗官僚舊制也，亟宜改革以新耳目，此其一。又北平戲曲極其腐化，非引人入封建思想，即導淫誨盜無微不至，移風易俗莫此為甚。亟宜本國民革命之意旨，導演三民主義之真諦，改革一切陋習，以與吾民更始，此其二。他如男子之髮辮，婦女之纏足，因陋就簡，習為故常。今應力加改革，予以理論之勸導，繼以法令之糾正，此其三。

四，整頓學校教育實行三民主義化。查北平舊為學校叢集之所，年來受軍閥秕政之影響，辦學者希圖收入之增加，就學者只為憑單之取得，於學問實際多未講求，又因經費不足，學校設備簡單，數員又多兼差，一般青年學子因管教之不嚴，或出干預政治越俎代謀，或曲解學說誤入歧途，貽害政治社會莫此為甚。今應責成教育行政主管機關嚴加整頓，使課目學位名副其實，並實行三民主義化，樹立教育之精神，以圖黨國百年之基礎。

五，河北省政府設立黨校造就黨的幹部人才。河北黨務因被壓於軍閥勢力之下，向無具體設施，縱有黨務運動，亦極幼稚。今既與民更始，應將各級黨部次第設立，以資表率。然主義之理論與指導之方法，概不明瞭，何能設施。今應設立黨校，考取專門學校以上確能認識三民主義之學生，加緊訓練儲蓄辦黨幹部人才，以應急需。

六，實行縣長考試制度。政事之敗由官邪也。縣長為親民之官，亟應痛加改革，以除人民疾苦。先總理五權憲法主張考試制，尤宜從縣長考試制度始。蓋以縣為自治單位，縣長果得賢良人才，則凡百設施皆可改革積弊，與民更始。非人者任用私人，賄賂公行，個人不能廉潔，政府安能廉潔，其如小民何。

七，訓練各機關人員使成三民主義化。應通令本分會所轄各屬機關服務人員一律舉行紀念週，違者加以懲罰，並熟讀總理遺囑、三民主義、五權憲法、建國方略、建國大綱各書，定期實行問答考試。其成績以為官吏考績之重要條件，著為功令，俾在職人員誠意遵守。

上列各條在本席個人意見認為初步改革期中應立予施行之要政，是否有當，謹候公決。

第二次常會

日　　期　民國十七年七月二十日（星期五）
　　　　　上午九時開議
地　　點　集靈囿
出席委員　閻錫山　劉守中　蔣作賓　陳調元
　　　　　李宗侗
閻委員錫山　代理主席
秘 書 長　俞家驥
記　　錄　李銘

主席恭讀遺囑，宣告開議。

秘書長俞家驥報告第一次常會議事錄（無異議）。

甲、報告事項

（一）律師余鍾秀電為組織黨案後援會並請迅電中央速將從前黨案提交普通法院分別省釋或成立特種法庭提前公判案

決議：批令向司法部呈請辦理。

（二）誠堃等呈請簡派鎮守使保護清室東西兩陵案

決議：列入下次常會議事日程。

（三）特派接收北京府院周委員函稱李勉之招待班禪極具〔頗費〕苦心茲具條陳懇請轉呈中央並請暫委專任招待事宜案

決議：列入下次常會議事日程。

（四）蕭大鵠呈為貢獻裁兵殖邊政策十二端希列議公決案

決議：批令向中央自行條陳。

（五）劉乾元呈為建議發展農業以重民生案

決議：批令向中央主管部建議。

（六）故宮博物院接收委員函為委員經亨頤提議拍賣故宮物品請迅電主持保全原議案

決議：列入下次常會議事日程。

（七）鍾鳳年函北平政治分會成立在即但其職權尚未明白規定宣布於世似應請中央速為指示案

決議：存案。

乙、討論事項

（一）河北省公民協會楊兆年等呈為天津順直水利委員會關係重大請交由省政府收歸省辦案

決議：現當伏汛盛漲之際，危險堪虞，應一方面將現狀報告中央國民政府並建設委員會，一方面令河北省政府接辦，切實防堵，並由會函約中央接收人員說明決議情形。如果堅執接收，只可接收會計帳簿，而防堵事務仍由省政府積極工作。

（二）考試同人聯合會呈請將考試人員迅予錄用案

（三）歷屆國〔考〕試及格人員張仲達等懇請准將北平從前各機關人員彙送中央按照原資分別錄用案

決議：併案照轉中央。

（四）前眾議院議員尹承福請委查河道以重河工而防危險案

決議：交河北省政府查照。

（五）汪自洋建議對於蒙古政治上設施請採擇施行案

決議：俟蒙旗委員會成立後交會查照。

（六）北平市民沈學範等呈請取消北平城郊官中事務處以蘇民困案

決議：交北平市政府議定辦法。

附錄原件

河北省公民協會代表楊兆年等呈——為天津順直水利委員會關係重大請交由省政府收歸接辦

呈為天津順直水利委員會關係地方民命、田廬至為重要，應請收歸省辦以濟眉急而慰輿望事。竊查民國六年伏秋之間，霖雨不息，山洪暴漲，河北省境五大河同時漫溢，被災地方竟達一百零三縣之多，人民之蕩析離居者計六百二十五萬有奇，村莊漂沒者一萬九千又四十五，其他財產及禾稼之損壞者為數至繁，尤難縷指。維時督辦京畿一帶水災河工善後事宜處熊希齡奔走平津，籌工備賑，而外僑之旅居津埠者驟罹墊溺，同深悚懼，當由前領袖公使朱爾典照會政府，請由主管關係機關遴派中外專門人員組織委員會舉辦治標工程，並籌擬順直五大河治本計畫，以為一勞永逸之計。至所需經費，除治標工程外，其測量及搜集資料經費初定為關平十二萬兩。嗣因測務較繁，原定之款不敷開支，復由政府核准津海關按月支付關平銀三萬兩。自民國七年三月二十日成立以來，即就河北省境舉辦地形、水準、流量、雨量等測量，歷時十年，績效懋彰，圖冊精贍。民國十三年之永定河堵築工程，以及上年海河治標計畫等，均由該會根據測量所得成績，悉心規畫。雖海河計畫尚未見諸實行，但永定河堵築大工，前由該會主持辦理，收效既宏，撙節尤巨。年來水潦頻仍，五河俱病，伏秋汎內，尤賴該會隨時協助，滔天之禍，迄今能得稍殺者，未始非該會贊襄之效也。加以上年亢旱累月，河北五河來源枯竭，以致海河淤墊，航路梗阻。海河為五河之滙一之尾閭，尾閭不暢，則上游各河更難宣洩，影響所實及於河北省境，地方民命、田廬危害滋大。茲屆伏汎，五河相繼暴漲，所有防守事宜正賴順直水利委員會供給資料協助辦理，乃聞南京中央建設委員會有派員接收順直水利委員會之說，群情惶急，焦灼萬分。查順直區域本屬河北省轄境，順直水利委員會自成立以來所辦一應工程測量均在本省所管界內，純為地方水利行政，與中央建設委員會之主持全國水利大計者正自不同。矧順直水利委員會所辦之治標工程及治本計畫書，現已大體竣事，後此五河根本改善工程自應由地方政府會同該會共籌進行，尤與中央建設委員會之專注規畫者性質顯有殊異。軍興以來河北省區被禍最深，誅求彌慘，地方人民所以恃以託命者，惟有今歲禾稼耳。今盛漲期屆，正宜由地方官民上下一心，注重宜防協同維護，俾收乃粒之功，藉能昏墊之厄。乃民命所託之順直水利委員會竟有由中央接收之舉，無論接收後續辦與否，要與地方水利前途妨害滋巨，兆年等極目横流，疚心墊溺，切膚之害，緘默難安。為此迫切陳情，伏乞主席俯念先總理三民遺訓，以及河北地方民生痛苦情形，迅賜電知中央政府免予接收順直水利委員會，以救民命而濟眉急。至該會主席辦事宜既屬省政府範圍，並請交由省政府收歸接辦，遴派地方公正士紳，推舉水利專門人員賡續辦理，俾竟全功，所有呈請將順直水利委員會收歸省辦緣由，是否有當，理合呈請鑒核示遵。謹呈。

汪自洋電建議對於蒙古政治上設施請採擇施行

南京中央黨部中央政治會議蔣主席、各委員，國民政府譚主席、各委員，北平政治分會閻主席、各委員，西山碧雲寺蔣總司令、馮總司令，北平閻總司令、李總司令，白、鹿、陳、商各總指揮，北平市黨部，南京、北平各報館轉海內外同治均鑒。天佑中華，寰宇澄清，極萬方於水火，登斯民於衽席，固孫總理之遺志而奉行主義，永持不欺不懈之精神，驅除害馬以完統一全國之大業，實諸公盡瘁黨國之奇功也。凡我久錮於畸形政治勢力下之民眾能不鼓舞歡忭，距躍三百，自洋塞北鄉農漠南鄙夫，當此訓政開始邦基新建之秋，芹曝之獻，本無裨於宏猷，而興亡之責乃匹夫同任之庥咎，且也踐是土而茹是毛，世代相承生聚是地者，寧有不冀是邦之同見天日而躋樂域者乎。溯自辛亥推倒帝制，而後本即黨國群賢實行主義，暢施建設之曾，乃帝孽未除，餘毒猶在，非特橫梗國計而軍閥朋興，內亂日亟，變相侵略，外患接踵。民黨同志於此暴風烈雨之中，堅決忍耐，犧牲奮鬥之結果，得有今日於此十餘年。中樞府既為軍閥官僚所輪據，故對蒙政策一襲清帝故智，籠絡羈縻，虛與委蛇，投少數貴族之所好，置千萬民眾於未顧。蒙古民眾經前清二百餘年摧殘剝削之餘，早已失其知覺振拔之能力，世所共見，孰不知之。論者猶曰，蒙人宜自起革命，今自願貳其王公而守其舊制，政府亦莫可如何為是。言者若非秦人之視越，即傳統的羈縻政策下之信奉者歟。改善政治，求其速效之途經，是惟革命固矣。但蒙人久乏政治思想，胸無主義，手無寸鐵，若不得先知先覺以啟導之，能喻革命為何物，而揭竿以起乎。其造成今日不知、不識、不文、不武之由來，又非受久遠的羈縻政策之賜而始使然乎。論者又曰，蒙古衰微，實中國之福。試觀往史，蒙古之為中國北方之患者數千年，上自周漢以迄唐宋，無歲不征，連年作戰，今茲痛定思痛，宜防故患之復萌。以前北京政府之傳統羈縻者在此，書生腐儒之危言動聽者在此，甚至邊束之因，位軍閥之養勢，莫不利此數語，以為口實。豈知今日之蒙古非可與六百年前相提並論，而二十世紀之民族思潮、世界大勢又非可與十五世紀以前同日而語。以言上中古民族間之尋釁爭鬥，循環報復，則豈獨我國為然，又豈止東亞為然，即歐美民族亦未能免此過程。即以我國內地而言，每至爭城以戰，殺人盈城，爭地以戰，殺人盈野，國人恆視為等閒，孺士多拾為說部，從未有以某方為某方之患懸之口舌施之政略，永防其復萌者。若果欲追溯往古民族間之戰鬥而討論之，最可注意者厥有兩事：（一）甲對乙開戰之目的有無大背人道意之味；

（二）甲乙戰勝之結果是否破壞其生存之機會，損害其發展之機能。綜觀已往漠南河朔之戰，兩方之勝負靡常始終為對抗性質，究其因果，並無以上兩項之陰謀與暴行，只可稱之為家人操戈、兄弟鬩牆而已。語云多難興邦，詩曰他之石可以攻玉，自古燕趙英豪之迭興，北省尚武精神之振起，未始非上項實地演武以砥礪之功為多。至已往爭鬥之陳跡，在內地固多其遺痕，經、史、詩賦、歌謠、辭曲、碑碣銘誌、戲劇說部，觸目皆是，無往而不衝動情感，刺激神經。惟在蒙古則適得上述之反，既乏文獻，又無史紀，事過境遷，淡然遺忘，久無跡像之可尋，焉有芥蒂之可言。故自有清以還，於長城以北之地開化數千里，移民數千萬，今毗連沿邊七省三區之蒙旗境內之客民與土著比戶而居，相得甚歡，近且進而聯姻結義，愈敦親睦，日趨大同，乃思想腐朽之書生仍不免撿取陳跡，漫劃鴻溝。幸秦始皇不歷蒙籍，而成吉思汗尚無焚書坑儒之行，屠戮一代俊秀，毀滅萬世文物，以致減卻後世振筆搖舌者吹求鼓簧之材料於不少。時至實行三民主義，力趨大同之今日，討論國事者最宜體會世界民族進化之新潮，以磊落光明之口吻出之，方不失立言之態。乃連日北平各報紀載個人論文、團體宣言，仍有羈縻蒙古勝元餘孽等等離間民族感情之文句，實屬不勝其遺憾，抑可見北地空氣之惡濁及一般士夫之識見為何如矣。諸公皆為黨之健者，國之柱石，丁此革命成功建設開始之日，自有其通盤籌劃整個實行之成算。蒙古既為民國之地方，當然亦在此通盤整個之中，徒以生息是邦利害較切，除舊布新不容再緩。諺云一髮之微牽動全身，事雖一隅，勢關全局，故敢略負其芻蕘以冀採擇耳。今觀閻總司令電陳國府請將省政還諸省民，舉中山總理終身革命之大旨，暨諸公數十年奮鬥之意義一語歸納殆盡。蒙古地方與各省之地位如一，蒙古民眾與省民之份子無異，省政既宜還諸省民，蒙政似亦可還之蒙民，此所謂事同一律，理無二致者也。溯自民國紀元以來，全蒙人民之所夙夜祝禱而希望者，無非為實享國法上所許予之民權，進而求蒙政還諸蒙民耳。此項希望與要求在封建制度之下，誰視為大逆不軌，而於青天白日旗幟之下，適成為黨國主義之綱要。即揆諸世界民族進化之潮流，徵諸歐洲政治改善之趨勢，亦屬順迎符合。歐美諸共和國之各邦、各州，各有其基本權或由其國家賦予之相當同等權力，則勿論矣。即其待遇藩屬各地亦日趨上進，與往昔不同。試略舉委內瑞辣憲法以見一斑如下。委內瑞辣憲法第二條，委內瑞辣合眾國之領土分為聯邦諸州與藩屬各地（地名略）；第四條第二項凡藩屬諸地合左列兩款者可升入聯邦諸州之列：第一款其人口最少能達十萬者，第二款能組織其本洲各科行政而自支其經費者云云。據此以觀，則該宗主國對於藩屬各地總予以相機付還政權之機會，而蒙古於民國締造之初，幸承革命勳烈之提攜，已除去藩屬名義，地方同於各省，人民並無階級，載諸約法，信誓旦旦。蒙人得今日障礙剷除，革命完成之幸運，其與各省共進之希望與要求，實屬根據正當，與國圖存之惟急，惟要途經至其創始工作，總須仰賴黨國群公之扶持指導，良以蒙旗比於腹地，則至今總是兩個世界。遜朝規制現尚存在，故其應興應革者在在皆是，總之以奉行三民主義為原則，援取各省成規，除先例而已。然則集合全蒙民行使民權，不可無全蒙地方機關以為集中，應一付解決處理之地，如是則開始建設工作，首在組織與各省同其分量之地方政府而已，全蒙人民之日夜希望者在此，呼號奔走以請求者亦在於此矣。至此項地方政府之建設暨其政治之改善，於國家前途之利害關係何若，自在諸公藎籌計畫之中。所可惜者，尚有一部少數人士迄不悉蒙古種種被侵之現狀及其岌岌可危之實際，動據紙篇書冊上之印像，妄事推測，致滋誤會，豈知蒙人上項之希望與要求，其惟急惟要之主旨，首在於防止帝共環侵之患，日俄競吞之禍而已。質而言之，則不願脫離宗國為高麗之續而已。謂予不信，則請看布里雅特三千餘里疆土已歷赤俄版圖，而烏梁海之全境亦攫為赤俄屬地，今內蒙侵略之來，危機之伏，更有甚於此者。自清季以來，日政府即支出鉅額之經費經營內蒙，分遣其技術遊說之士，遍歷各旗，分任其各種侵略工作，徒以交通阻塞、郵電未設，末由隨時揭其行，經宣其事跡而已，但其侵略內蒙之陰謀及其進行之經過，已成公開之秘密，早為世人所共知。即赤俄之入境宣傳亦在意料之中，絕非故藉危言以聳聽聞者所可比擬。在彼既有所圖而投以鉅數之金錢，耗以多年之光陰，無所取償豈即甘休。借鑑近事，則山東為中國腹地，其一切文化的、物質的文明，較之蒙古實有霄壤之別，乃日本無疵可指、無隙可乘之中，強藉保僑為題，出兵濟南，慘殺命官，横戮國民，世人髮指，萬邦側目，而日人猶頑強怙惡反提抗議。蒙人雖愚，猶憶民四城下之盟，袁逆斷送滿蒙之隱痛尚未去懷，而濟南慘案之兇暴又觸其耳目，以此例彼能不有動於中乎，兔死狐悲，畜類尚異於草木，脣亡齒寒，他人終不如兄弟，此蒙古之存亡對於國家關係之所在最淺顯而明著者也。歷觀前代喪權失地之由來，莫不由於土著之民無政治思想、無國家觀念之所致然，而權操自上，使民由之而不令知之，則其政治思想、國家觀念何由發生，此尤秉政者寧送友邦勿與家人之見地有以致之，而終歸失算者也。民國肇進至今，樞府對蒙政策未能脫盡此旨，故收理藩部改名蒙藏院，更其名而仍其實，夫朝三暮四與朝四暮三有何差別。即令實際更新，擴大其事權如內務部，然亦不過承上啟下之中央機關，與實行三民主義、建設地方事業、行使民眾權能則相去尚遠，相聯屬者耳。諸公黨國勛烈，高瞻遠矚，忠以謀國，奇績迭奏，誠以待人，群倫仰鏡，必不續此下策欺人以自欺也。封建之不適於民國有汙於新邦不待言矣，即今各旗區劃之粉碎，尤為前代剝奪其施政能力之毒策。蒙人一切依賴中央，天塌同死之觀念，幾無一不由於分旗二百，劃區為限之政策所造成。稽諸古之人士憂歎其國小而不能施政者，咏之於魏風，散見於載籍、歌謠者不一而足。徵諸歐洲，最近德意志建造新國，首以國內二十餘破碎之小邦不適於執行政治，為發展其生計上、文化上之能事起見，由宗國發議，合併小邦或劃小以益大，以厚其施政能力，此誠古今中外謀國者之同概，非獨我國為然、蒙古為然，此又內蒙地方之行政區劃宜擴大不宜割小之要旨也。諸公若不以曝言為謬，以蒙古為雞筋而置之，則其種種建設仍有仰賴先覺群公之提攜扶持，黨部之監督指導，得以避免危亡而維生存，進而保固疆土，永遠當國家邊防之衝，則誠蒙古之幸，中華之福也。自洋食息田間，粗野無狀，於民九之秋由粵過滬，便謁中山總理匆匆晤教大旨，以排除侵略、扶持微弱為言，光明公道之主張入人甚深，時逾八年猶在耳際。今諸公持其主義以統一國家，完其遺志而光明公道之主張，濟弱扶傾之實行，必與孫總理並無二致。故敢掬其觀感貢之左右，尚希鑑而納之，幸甚。

第三次常會

日　　期　民國十七年七月二十四日（星期二）
　　　　　上午九時開議
地　　點　集靈囿
出席委員　閻錫山　劉守中　蔣作賓　白崇禧
閻委員錫山　代理主席
秘 書 長　俞家驥
記　　錄　李銘

主席恭讀遺囑，宣告開議。

秘書長俞家驥報告第二次常會議事錄（無異議）

甲、報告事項

（一）前外交部國試同人函請將曾經正式考試人員特予擢用案

決議：查照前案併轉中央。

（二）武文彬等呈為擬訂北平戰後臨時經濟協會簡章請提議公決案

決議：存案。

（三）北平市民袁士驥提議北平市政窳敗諸待建設亟應確定經濟政策以鞏固市財政基礎而使改善設施案

決議：交北平市政府查照。

（四）高邑縣縣長楊及龍為地方疾苦無法籌備戰地籌糧總監催派各款派遣代表陳請訓示案

決議：交河北省政府查照。

（五）閻總司令電催三特別區改省徵求意見案

決議：本案已議有結果，來電存案。

（六）李紹芳函稱業奉國府委派接收順直水利委員會請查照示復案

決議：存案。

（七）誠堃等函請保護清室太廟案

決議：令公安局保護。

（八）財政部函送河北兼熱河官產總處組織條例請查照轉飭各官產機關遵照聽候該處派員接收案

決議：存案。

（九）文物臨時維護會函為委員經亨頤提案拍賣故宮古物請力持正義案

決議：已據故宮博物院函，經提議決定轉陳中央，此函應即存案。

（十）門頭溝車站泰昌煤棧等呈請豁免苛捐維持車輛運輸以蘇商困案

決議：令平綏鐵路局查照。

（十一）貧民生計實進會等呈酌提官旗產公益款項加徵富豪遺產所得課稅將廢址改建工廠以維生計案

決議：存案。

（十二）曾厚章等建議修正權度標準請列入議案討論案

決議：付印，提出列入下次常會討論。

乙、討論事項

（一）故宮博物院接收委員會函為中央委員經亨頤提議拍賣故宮物品請迅電主持保全以維原議案

決議：由會聲敘不得拍賣理由，陳請中央以維原案。

（二）誠堃等請簡派鎮守使保護清室東西兩陵案

決議：函請平津衛戍總司令部派撥軍隊前往東西兩陵切實保護，至關於墾植等事，擬組織保管委員會，其組織方法俟徵求各方面意見另行商定。

（三）特派接收北京府院周委員函稱李勉之招待班禪極具苦心擬有條陳懇轉呈中央並請暫委專任招待事宜以示懷柔案

決議：照條陳各節建議中央，並請為處理蒙藏事務便利上起見，可否將所設之蒙藏委員會全部分或其一部分移駐北平，至關於委員人選，希望以具有聲望，為一般蒙藏人士所崇拜者任之，庶幾信仰既堅，推行政務可以減少阻力。

（四）太原政治分會請查照電復中央對於熱河等三區改省意見案

決議：對於太原政治分會所陳各節完全贊同，至察哈爾省之名稱請中央採擇決定，即以此分電查照。

（五）河北省政府主席商震擬請將河北各地方軍隊分別移駐以蘇民困案

決議：轉電蔣總司令。

（六）白委員崇禧臨時動議請仿照廣州武漢山西河南政

治分會先例將河北省政府主席加入本分會委員之內以期處理事務執行敏捷

決議：本分會為指導機關，河北省政府為執行機關，為執行事務便利起見，應根據廣州、武漢、太原、開封等政治分會先例，請將河北省政府商主席加入本分會委員之內，電陳中央核行。

附錄原件

曾厚章代電——建議修正權度標準請列入議案討論

北平政會主席閻總司令並政會委員鈞鑒。權度係國制之一，用途毓頤為中外視線所集，諸如建築路港、測量里畝、製造物品、推合天算，以及國際貿易、商民日用，舉物質上、經濟上均與此有形影不離之勢，定制完善則信仰同深，推行自易。若臆為之說，或拾他人唾餘為法政令，縱頒詎無阻力。查中國權度法，一誤於清李之釐訂尺制，二誤於民四之抄襲陳案。茲報載國府工商部提出之權度標準案，擬盡廢本國舊制改用萬國公制，尤屬誤中之誤。蓋公制雖取法子午線，然經天算家推合為已多有謬誤，在學理上不能存在，一也。愛國者必自愛其憲，縱定制並無根據，猶思多方保存。況中國公定尺制本無可議之點，無罪批離，二也。丁糧地畝及輿圖面積典籍可稽，悉遵部尺若全予廢棄，清丈則不勝其擾，注釋則不勝其煩，三也。政令所寄，志在便民，令順民心，不煩督責，苟悖常理，群疑斯興，欲舉國遵行而轉難一致，四也。世界國除德、奧、比、葡、荷等向行公制外，凡自定制度如英、美、日、俄各國雖亦參用公制，然僅行於國際，未聞國內通行，因而自廢其制，五也。甲為暮四而乙為朝三，觀念不同，推倒劇易，果棄其軌道，勢必紛更離常，六也。公尺制為世詬病已久，東西學者且議改善萬國公制，而我國轉襲其敝，以為法使，外人笑我無鑑別能力，七也。惟是國內權度紊雜已極，歷久不變，失進化常例整齊而劃一之亟，應另闢蹊徑，不宜隨人附仰。已舉七點，更伸四論，擬請貴會列入議案提出討論，建議國府確定良制是固建設之一，抑亦博採輿論之先。附呈通考十冊並候審查，編者前清革命迄今，雖乏建樹，尚知借題，獵官之恥徒，以權度法關係國權甚鉅，為此建議。幸貴會勿目為投機份子也，除函孔庸之設法糾正提案，並電各黨部、各法團、各報館、各專門家正其是非外，謹將前列謬點申論如左。

萬國公制為世疵議久矣，其始也由法之博士院測地球子午線四千萬分之一以為米突制，其後更密測之，則米突實為子午線四千萬零零零三千四百分之一。最近法國天學經度館報告法儒客拉克測定子午線，實長四千萬零零零七千五百零八米突，較舊數加長幾佔百分之二，南北緯每度且有漸伸之勢。蓋地之以球體南北極為軸旋轉無已，則兩極之向心力必縮，而赤道之離心力亦漲，子午線遂因以漸變而成橢形（地球不終成扁圓形，因有懾心力與太陽力相抵抗而定），則米突制在學理上地位已難成立，其通例子午線纔三百六十度，每度六十分，每分六十秒。法之粎制則改為四百度，每度一百分，每分一百秒，以合其四千萬粎之除法，按諸歷法並不符合，故法人對於天算近亦改原復度。而東西學者尤以公尺制甚不便於測天航海繪圖，駸駸有改善萬國權度之趨旨，而我國轉襲其敝制，是腐化的而非進化的，不僅盲從隨人，受人夷鄙已焉，其不可一也。

我國所定尺制初導源於秬黍，沿革數千年，代有損益，以秬黍大小無確實根據，卒至紛更靡已，迨康熙間推算天度製數理精蘊所載營造尺制，以在天一度、在地二百里為綱，十寸為尺，十尺為丈，十丈為引，十八引成里為目，猶以六千尺為海里，一里得天度赤道周之一分，無畸零不盡之弊。近人李善蘭所編談天，亦謂中國尺制係取法於赤道周之密率而定之於學理，極為吻合等語，視米突之已失定制原則，暨英、美、日、俄尺制羌無依據者，固遠勝之。迨光緒末年農工商部釐訂權度時，部曹茫無取舍，乃依據會典尺圖，謂與米突制之三十二生的相符合，量、衡二種，則以漕斛庫平為標準，不知按圖求數，槧刊偶誤，所差已多。至民國四多年一月七日，農商部公布權度法，猶剽襲滿清成案，以公制之三十三生的為中尺一尺，量、衡均以此為比例，名約甲種制。復取萬國權度法以為乙種制。然取兩制而乘除之，已有自相矛盾之處，蓋尺圖既名營造，自必根據原數折合天度，然以現行部尺與天度比例，則每度二百里已相差及一萬二千七百七十四尺三寸八分四厘，即推合每海里亦相差及二百一十二尺九寸六厘四毫，似此非李非柰之制，邦人詎能盲從。迄今無法推行，弊在立制不善，非盡由政令之失效也。今但取兩次部頒權度法，就其謬點而更正之，量、衡之不合現程及漕斛庫平舊制與度制不相聯蛻者糾正之、重製之，民眾之違反國制者勸告之、指導之，正義有在，真理斯明，不特國內易於遵行，世界各國必有從而取法者，又安用截脛削跗趨合他人之制度為也。至國內地畝、道里、河渠以及公私所有凡典籍所載者，向以營造尺為標準，今概予廢棄，任其舊則，威信不行，從其新則，滋擾堪慮，名曰適合國情，實則大違民意，其不可二也。

顧說者謂一國制度貴合世界潮流，不宜墨守舊法，然中國營造尺制計積合三千二百四十尺，十進之為中里，十八里即准公尺制之一萬米突，為公里十里積合，營造尺六千尺為中里三里又分三分里之一，即合海里一里，亦合天度赤道周每度六十分之一，又則例所載六十方丈為畝，五百四十畝為方里一里，規制井然，視俄頃過大，公頃過小者，尤適得其中計算，本極簡單，當無須再事更易。且一國典章貴乎自立，效顰而自毀其容，因噎而遽廢其食，稍有常識者知其不可，即世界國除德、奧等向行法國制度外，其他定有國制者無不硜硜自保，慮國尚未滅，國制先亡故也。間亦參用公制者，僅行於國際通商，而國內則自為制度以自愛其憲者，即所以自愛其國也。今不問其良窳若何，悉舉舊制而為一會議，問有何不得已而為此，蓋以為新而不知士其為之舊，求其是而轉，恐胥淪於非據何理由，迄難索解，其不可三也。

竊謂中國權度法經清末民初兩次修訂，愈趨紊亂，現提案更武斷一切，推倒國制，廣土眾民未必憑一紙本書奉行，惟謹倘恃政令為督責，尤必引起糾紛，以根本法不能確合學理，而習慣法更未易猝予打倒也。補捄之策亟宜取工商部提案暫予保留，一面廣徵專門人材仿巴黎博士院及萬國權度研究會辦法審定精確之制製定說明書暨公制標本，赴賽於萬國博覽會，然後設局製造度量衡各器分銷於各省市區，庶幾真理既明，推行自易，否則刑法所定之偽造度量衡罪亦幾同虛設，貽譏友邦，與障礙統一均無適而可者也。芻見是否有當，敬候公決，倘荷採擇，國憲前途實利賴之。

故宮博物院接收委員會——函為委員經亨頤提議拍賣故宮物品請迅電主持保全原案

敬啟者。故宮博物院自十三年十一月攝政內閣時期為貫澈革命目的，勸導溥儀出宮，由李石曾先生組織辦理清室善後委員會，接收故宮及頤和園，以及前清室內務府所屬一切財產，約集社會各界人士合力工作，並於十四年十月成立故宮博物院，以期保存數千來來吾國文化之精粹，並由國民革命軍鹿總司令瑞伯擔任保衛。十五年四月國民軍退出北京，當經李先生及鹿總司令及善後會同人等公推莊思緘先生繼續維持。十五年十一月復由同人公同組織維持會管理宮外財產，以失去軍隊之保衛如頤和園及一切其他房產，或為軍閥還諸清室，或為各官署任意私賣佔據，其時反動分子、清室餘孽對於本院事業摧殘破壞無時或已，並於馮總司令、鹿總司令、李先生及同人等任意造作蜚語，詆誣巇無在不用其極，本院僅得保存不絕如縷。其間杜錫珪內閣時，明令趙爾巽等接收本院，危害同人，幾經奮鬥抵抗始得無事，情勢尤殆。十六年十一月奉方另組管理委員會強欲接收，所幸委員長王聘卿先生尚能繼續保管以至今日。茲國民政府光復北平，並經議決委派易寅邨先生接收在案，本院幸得出險。方慶文化事業幸以不墜，乃聞國府經委員經亨頤提議，認故宮文物為逆產，廢置故宮博物院，拍賣院內所有一切物品等語。無論故宮文物為我國數千年歷史所遺，萬不能與逆產等量齊觀，萬一所議實行，則我國數千年文物不散於軍閥橫恣之手，而喪於我國民政府光復。故物之後不幸，使反動分子、清室餘孽當時橫加蜚議者今乃振振有詞，同人等聲譽辛苦固不足惜，我國民政府其何以自解於天下後世。擬請迅電主持保全故宮博物院原案，不勝萬幸。

太原政治分會——請查照電復中央對於熱河等三區改省意見

北平政治分會鑒。樞秘中央政治會議文電，想邀察入，茲經本分會議於效日電復文曰，「南京中央政治會議鈞鑒。樞密文電奉悉，當經報告本會會議。僉以熱、綏、察三區改省組織，內政部所擬各節極臻妥善，惟尚有應行商酌者，謹陳如左。一、省境既將口北道屬十縣劃歸察屬，則察屬豐鎮、集寧、涼城、陶林四縣原係劃自綏遠者，仍應歸還綏遠，以昭平均。一、省制三區既擬改省，當然與各省一律，惟轄縣無多，地方歲入每區只數十萬元，省府委員少設，並擇要先設民政、財政、建設、教育四廳，以節經費，俟地方開拓再行擴充。一、省治熱河仍治承德，綏遠仍治歸綏，其察哈爾原治河北萬全縣，本係借地，亦嫌過偏，現既將口北道屬劃歸察境，地點較為適中，自應仍治萬全。一、省名熱河、綏遠均可仍舊，察哈爾係蒙文譯音，自宜酌改，查元之集寧路今為陶林、集寧各縣，既擬劃還綏遠，猶以集寧名省，深恐名實未符。該處在漢為上谷郡，元為開平、興和等路，清為口北道，民國專設興和道，現擬上谷、開平、興和、口北四名請予酌定。以上各節均係查酌地方情形、歷代沿革，經由本分會眾意僉同謹請核議施行。太原政治分會叩。效。」等語。即請查照並祈將貴會議復各節電示。

第四次常會

日　　　期　民國十七年七月二十七日（星期五）
　　　　　　上午九時開議
地　　　點　集靈囿
出 席 委 員　閻錫山　蔣作賓　白崇禧　陳調元
閻委員錫山　代理主席
秘　書　長　俞家驥
記　　　錄　李銘

因另有事，故改開談話會。

第五次常會

日　　　期　民國十七年七月三十一日（星期二）
　　　　　　上午九時開議
地　　　點　集靈囿
出 席 委 員　白崇禧
秘　書　長　俞家驥
記　　　錄　李銘

因出席委員不足法定人數，延會。

第六次常會

日　期　民國十七年八月三日（星期五）上午九時開議

地　點　集靈囿

祕書長　俞家驥

記　錄　李銘

因委員請假，不足法定人數，延會。

第七次常會

日　期　民國十七年八月七日（星期二）上午九時開議

地　點　集靈囿

祕書長　俞家驥

記　錄　李銘

因委員請假，不足法定人數，延會。

第八次常會

日　期　民國十七年八月十日（星期五）上午九時開議

地　點　集靈囿

祕書長　俞家驥

記　錄　李銘

因委員請假，不足法定人數，延會。

第九次常會

日　　期　民國十七年八月十四日（星期二）
　　　　　上午九時開議
地　　點　集靈囿
祕 書 長　俞家驥
記　　錄　李銘

因委員請假，不足法定人數，延會。

第十次常會

日　　期　民國十七年八月十七日（星期五）
　　　　　上午九時開議
地　　點　集靈囿
祕 書 長　俞家驥
記　　錄　李銘

因委員請假，不足法定人數，延會。

第十一次常會

日　　期　民國十七年十月九日（星期二）上午九時

地　　點　懷仁堂

出席委員　閻錫山　趙戴文　李宗侗

閻委員錫山　代理主席

祕書長　俞家驥

記　　錄　李銘

主席恭讀遺囑，宣告開議。

甲、報告事項

乙、討論事項

（一）曾厚章建議修正權度標準請提出討論公決案（主席提出）（延前會）

決議：所陳援古證，今極有見地，惟既已逕函工商部長，應候該部採擇施行。

（二）南京蔡院長元培電請飭崇關續撥留日學生學費以維學業案（主席提出）（延前會）

決議：候令行北平稅務監督公署查覆核辦。

（三）平津衛戍總司令部對於河北所屬及口北各縣匪患酌擬剿除辦法請提議公決案（主席提出）（延前會）

決議：河北剿匪事宜已有剿匪司令負責辦理，至口北十縣現已劃歸察哈爾省管轄，應候察哈爾省政府核辦。

（四）教育協進會丁國琛等提議為維持北平市民生計關係擬具意見六則請採擇施行案（主席提出）

決議：該案第二項應分別函行北平大學區校長及市政府採擇辦理，第五項候函內政部採擇辦理，第六項候函故宮博物院理事會採擇辦理，其一、三、四等項應交存秘書處備查。

（五）前臨時參政院參政王郁駿呈為建議處置蒙事方法請採擇施行案（主席提出）

決議：應擇要節錄分別呈報中央，並函致太原政治分會暨令行熱河省政府辦理。

（六）本分會經常臨時經費預算草案（主席提出）

決議：全案通過呈報中央。

附錄原件

教育協進會委員丁國琛等提議案——為北平市民生計關係擬意見六則請公決施行

為提議事，國都南遷，北京廢止，改易北平，另建新猷，於是議論紛紛，皆期期以為不可。執政者藉總理之遺囑，奠都南京，反對者念人民之生計，重留北第。琛也不才，何敢妄加評議，以人民之生計不在於都城之遷否，而以當局之有無辦法為斷。遷都、留都各有不得已之隱情，琛則蓋置不論。今後北平人民之生計須當刻意研求，若執定遷都之後，北平之生靈皆凍餓以死，試問前清鼎盛之時，北京之人無流亡於外者，無倒臥於路旁者乎。如其有也，則都城之無關於人民生計也明矣。且夫國僅一都，都在此而亦未見他處非都之人皆委之溝壑也。若謂驟然遷部，毫無安置，北平百二十萬生靈，咸卒然失業，必致流亡載道，危險堪虞，此論似屬近是。然自近六、七年來，兵戈擾攘，攻城奪地，殺人盈野，凡受此等蹂躪者不特經濟受其損失，人命已陷於危險。兩軍既去，該地民眾仍須努力建造共謀生活，況我北平僅止國都而已哉。現政府既決將國都南遷矣，今後不必斤斤於國都，而惟有努力於建造地域之名位，並未限人所患者，無財力以經營之耳。嗣後我北平苟以巨大之財力經營之、開闢之，不出十年，遍地黃金俯拾即是，否則人烟絕跡，咸成限邱荒土耳。前數日琛與友人相遇於途，詢其生意如何，則太息不止。問何故，則以國都之影響。對之曰，無憂也，北平尚有其固有之價值，在前明遺跡、清室故宮，皆足使人俯仰徘徊，政府苟假民眾以權力，使其能自經營以改造之，行見外國人士、南方學者惠然肯來，聯翩而遊於此，尊業必有復興之一日，胡戚戚為也。設不遷都，不過以北京之一隅，蒙養數萬災官，工商業受其些微之照顧，於窮民生計仍無補於萬一。國將不國，都於何有。曩時軍閥厚歛民財、揮金如土，工商業雖有大得其利者，然一人得利，其如萬民受切膚之剝削者何。琛之謬見如是，未悉明達以為然否也。今茲政分會成立矣，時彥名流聚集一堂，一切難題不難迎刃而解。然智者千慮或有一失，琛以一得之愚聊，貢獻愚大雅之前，琛不明手續、不諳格式，至於措辭之當否亦未暇計及，願以愛國情熱不能已於言耳。顧亭林先生有言，國家興亡匹夫有責，值此喚醒民眾共同努力之際，琛謹以公民資格妄擬數則，想偉人鉅子或不以人微而見棄也。

一、劃分地方稅以實行自治也。民國肇造十有七載，如而袁氏專橫，繼乃軍閥禍國，民二、三年間自治局所雖一度發現於社會，然以袁氏陰險之故，民眾所選皆非其人，故擾攘數月，一事莫辦，而袁氏則藉口土棍為議員而取消之。厥後黎氏雖主民治而無實權，段氏設施亦近似於偽造。今已根本革新，中央政府須於最短期間內將地方稅劃出，實行自治，並令地方當局首先聯絡本地學者講演三民主義，說明自治真諦，庶公正工商不致觀望，土豪惡棍稍知歛跡，教育實業一併興起，則國用舒而人民裕也。此宜劃分地方稅以舉辦自治者，一也。

二、普及教育以造人才也。自治既實行，政府即應下強迫教育之令。我國近年以來教育等於破產，公家既未確定其辦法，私人亦難措施，然何地無才，或因家長無此觀念，或因個人之財力不充，致使優秀之兒童因遊蕩而無正業者比比然也。即以我北郊而論，居民數千戶男女學童不下數萬人，教育當局僅設公立初級小學校二處，自民五設立學區以來，其成績不過將私塾改良十餘處，按諸實際則就學兒童不滿千名，核計教育經費兩公立每月約須五、六百元，而學區與補助私立各校者約二百餘元，然十餘校之所得亦僅四、五十元而已。分甲、乙、丙三等，甲每月六元、乙四元、丙二元，統計每月政府用於我北郊之教育經費僅七、八百元。欲求教育之進步，豈可得哉。然政府之取諸吾民者則甚夥也，即以我馬甸羊稅一項，每年行銷於此者約四、五十萬隻，每隻納稅共計一圓有奇，平均每年以四十萬羊，每隻以一圓計之，年納銀約四十萬元。其他如牛馬稅、如錢糧、如房地契稅等不知尚有幾許也，而近今之警費又皆出自房捐。苟政府施行強迫教育，以地方稅之收入撥出一部分辦學，則家長無觀念者不敢不令其子弟入學，而個人之財力不充者亦不難令其子弟入學，此普及教育以造人才者，二也。

三、提倡實業以裕民生也。自治實行小部分之實業則由地方自謀之，而政府須加以特別之輔助，大規模之實業則由政府規劃之，而仍須與人民以便利。即如北平城之內外，凡衙署、會館、廢廟、官產，除公家佔用及有特別原因者外，餘均可規劃地方自治範圍，以內或建校舍、或開工廠、或為圖書館、或作遊藝場、或闢公園、或立病院。規模較大之處所如故宮博物院、中山、北海兩公園開放，中南海以及農事試驗場、頤和園等雖可仍由公家經理，而總其所得亦須補助自治。於郊外更由地方長官勸令居民於院落、隙地、田畔、坡頭廣植桑林，以養蠶繅絲，以及種棉紡紗之法。城內工廠雖多，無憂原料之不足也。且河北省地接蒙古，牛羊駝馬之所產皮革骨牙所由出也，苟以原料入而以熟貨出，其獲利更鉅。再由自治局疏通河道，擇寬闊低窪地濬之，使深蓄水，養魚、種植水藻，至於大規模之山林礦業、平南之水利，則由政府經理之。蓋西北環山，鮮少林木，其為私有之山場，宜令其趕種果林或種桑林，資本不充者則由政府貸與之。若為公有，則由政府種植之。其有礦產者則開採之。平南之平津路左右地勢窪下，十年九潦，宜由政府收買其地，引永定河之水溉為水田，此提倡實業以裕民生者，三也。

四、築鐵路土路以便交通也。京熱鐵路喧嚷多年至今仍無端倪，都城既遷，此路之修築蓋不可緩。蓋東北遙遠，終覺鞭長莫及，苟交通不便，控制益形困難，且此路既通，東北之生產必經過北平而行銷內地，則於北平民眾之經濟上更與以特大之助力。至於平通支路亦須延長，東行經過東陵，逕接平奉路線，既與中外人士遊陵之便利，更見平津鐵路乘客之擁擠。此外更於四郊廣修汽車土路，如平綏線至南口兩旁，尤當按站修築之。蓋西北環山，既興辦林業，更須交通便利以輸送遠方也。閩廣之蕉、新會之橘，既因交通便利而運於北地，則我沙嶺之葡、明陵之柿，豈可不輸之南省哉。此修築道路以便交通者，四也。

五、開放清陵以便中外人士之遊覽也。有清之世二百餘年，其初海禁未開，閉關自守，國庫充實，四民殷富，以致大興土木，莊嚴華麗，東西兩陵之工程，較明陵而上之。以殘破不堪之明陵，外人而欲以一登臨為快，況金碧輝煌之清陵乎。苟一經開放，則中外人士之遊觀者當絡繹於途，而北平市肆之繁盛亦與有莫大之助力，至於西山八景、湯山溫泉、關溝內之八達嶺尤為外人縱遊之地，此開放兩陵以便中外人士之遊覽者，五也。

六、保留故宮博物院以備中外人士之參考也。都名既遷，宮殿猶在，形式軒敞，環球莫與倫比。若認其空閒，必至曠廢，改設工廠，則甚可惜，且宮中所存之物為歷代稀世之珍，仍宜存儲宮中以待中外人士之參考，一旦遷動，非特金陵無此廣博之宮殿以為之陳列，而於北平之文化上遽生莫大之打擊。矧北平之業，古玩玉器者甚眾，外國之考古家到此遊歷宮中之品，既可參觀商家之物，亦可購買，未始非挽回利源之一道也。政府宜派妥人將宮中所存之寶詳細註冊，按件拍照，擇其照片中之要者，分陳於各省會之博物院中，更派大員以掌管之。並將宮內之陳列室嚴加封閉，群房之破爛者悉行拆去，遍種花木以便點綴。此保留故宮博物院以便中外人士之參考者，六也。

總上六則皆與我北平市民生計上有密切之關係，今人僅斤斤於爭都，而不注意及此，苟照琛之計畫而工作，不出十稔則我北平之富力必當中於全國，都城之復遷回也必矣，何有於爭哉。夫瑞士小國也，因國人善治，稱為世界之公園。苟我民眾努力改造北平，或亦為我中華民國之公園也，亦未可知矣。謹陳述意見，理合呈請貴會公決施行，實為公便。謹呈。

前臨時參政院參政王郁騤呈——為建議蒙事數端請鑒核採擇

呈為建議事，竊嘗考蒙古疆域，東至黑龍江，西接伊犁，南抵長城，北踰絕漠，袤延萬餘里，為中國陸地邊塞之大防，其民旗驃悍絕倫，夙稱善戰。元以前歷為邊患，更不絕書。自元世祖入主中原，始入版圖。明驅元裔於塞外，終明之世，征戰頻仍，迄無寧歲。滿清入關，始採懷柔之術，就各部落之所在劃為二百餘旗，擇其有實力者封以王公爵秩，定為扎薩克，主持旗務，復聯數旗至二十餘旗為一盟，立一盟長，以便統治，惟不侵其土地，不易其領袖，風俗習慣一仍其舊，蒙人以為尚能保全其自治根本也，故二百餘年相安無事。辛亥鼎革，內外蒙古惶惑叢生，陶什陶、烏泰等迭倡獨立，幾肇分裂之禍，幸民國當局洞悉蒙情，首先承認王公制度，訂立優待條件，宣佈五族共和，幾經斡旋，始克合作，並於中央特設蒙藏院，即以蒙王中資深望重富有革新思想者為長官，專理蒙藏事務，十有七年，未之輕易。關於啟發蒙藏如教育、交通、實業等各項計劃，迭有建議，徒以政府當局不勤遠略，扞格不行，言之殊堪痛惜。然猶幸尚能維持其舊有之屏藩，固不難於建設也。今幸革命成功，國府統一，刷新邊政，正在此時。惟萬仞之牆基於簣土，藻繪之事素質為先，必先維繫蒙古舊有之統系，乃可與言革新之建設，務使蒙古民眾曉然於國民政府之待遇，蒙古仍本五族合作之精神，以為蒙人謀福利，則人心一定趨向始專，一切改進設施乃有推行之餘地。苟不注意於此，驟然以格不相入之手段，為削足就履之建設，將其舊者一概打消，則新者恐亦無從著手，長此停頓，則疑懼日深，禍變百出，萬里蒙疆分崩離析，恐有不堪設想者。近日報載呼倫貝爾之事，其見端也，茲謹就目前情形謀一救濟之方，擇其最急最切要者略舉數端分陳如左。

一、蒙藏院機關仍宜設在北平不宜停頓也。查前蒙藏院為蒙藏事務總彙之樞紐，十七年來政潮迭起，藏事雖無法進行，而蒙古地方不受影響，公文往來未嘗間斷。今該院業經廢置，南京雖設有蒙藏院委員會，然鞭長莫及，事實上已歸停頓。長此隔閡，惶惑易生，設使共黨趁機而入，禍亂將無已時，是宜速令蒙藏委員會移置北平，加入蒙古王公數人，以王公中資深望重者為主席，一方維持舊有事務，一方徐議改革。倘以中央所在未便移置，或在北平另設一蒙旗委員會，專理蒙古事務，一以示中央注重蒙疆之意，一以慰蒙人傾向國民政府之誠，一切事務不使中斷，蒙人自可歸心，所有屯墾、交通、森林、礦產、開發西北利源諸大計，乃可次第施行矣。

一、蒙旗扎薩克制度不宜遽行廢置也。查內蒙古六盟五十二旗，以及青海新舊土爾扈特共計一百零六旗，每旗設有札薩克管理旗務。扎薩克者，譯言也，此職務均屬世襲，多由各部落酋長沿革而來，前清時封為一旗之長，仍令世守其土，即示不利其土之意，二百餘年未嘗更改。民國以來，概仍其舊扎薩克之下設有印務處，置有印務章京及梅倫等職承辦旗務，蒙漢分治各不相擾，是以沿邊長官雖隨政潮迭有更易，而蒙旗相安無事，蓋因政務系統迥異，蒙人信仰盟長扎薩克幾成第二天性，絕難打破，今若一旦改廢，將一切設施無從措手，是猶治絲而棼之也。顧或謂世襲制度，非國民政府之下所應有，或令各盟旗設委員會，或將扎薩克改為選舉制種種計劃，未嘗不善，但須俟總彙機關成立，蒙古人心大定之後，固非目前即可辦理者也。

一、蒙古屯墾須協議辦法不宜強制施行也。查屯墾蒙邊為今日言裁兵者之善後大計，亦為開發西北利源之圖。然蒙人一聞屯墾之言，即疾首蹙額驚恐萬分者，非蒙人不顧大局也，亦有其特殊情形在。蓋蒙古以遊牧維生，芃芃蔓草我所視為荒蕪之地，正蒙人膏秣之區，我所視為無主之平原，正各盟旗指定蒙民牧蓄之廣場，倘驅數十萬退伍之兵侵占其地，蒙人生計頓絕，詎肯甘心。揆之民生主義，似亦大相逕庭。前清因內蒙南部移民日多，有借地養民之法，正可仿而行之。謂宜召集盟長扎薩克會議，商墾蒙地辦法，劃出區域，明定主權。土地仍屬蒙人，所有凡屯墾者悉為蒙佃，年納少數租糧於蒙旗，以維蒙人生計，設官管理此項墾民勿得欺壓蒙古民眾，庶蒙人有所補償，蒙漢相安，自不群起抵抗矣。

一、政府清共宗旨須曉諭各旗，嚴防共黨混入擾亂治安也。查國民黨以革新建設為宗旨，共產黨以燒殺擄掠為主義，涇渭割然，天下共見。然蒙人智識簡單，鑒別不真，中央蒙藏機關長此停頓，共黨必趁機而起，蒙人惑於改革之言不敢制止，任所欲為。日前阿拉善共黨搗毀印務處，傷害印務章京人員，其明驗也。倘不從速設法，各旗亂黨效尤，全蒙騷動，勢所必至。是宜從速在北平設立管理蒙旗事務機關，將國民政府清共宗旨詳細說明，譯成蒙文通行各蒙旗，佈告民眾一體週知，並諭以在政府未定改革辦法以前，一切蒙旗制度概仍其舊，尚有假借黨部名義推翻旗制希圖擾亂者，即行拿辦，格殺勿論。庶風聲所樹，不須派兵清剿，共黨自然絕跡，而蒙族亦可安謐矣。

一、三民主義須譯成蒙文加以解釋頒行各旗也。查三民主義為立國之大本，如扶植弱小民族、伸張民權、注重民生，關於蒙古利病尤切。蒙人一經明其意義，自必特別信仰，惜蒙古教育未能普及，多數民眾祇各尊崇佛數塞塞滅明，生活於壓制盛力之下，珠堪憫憐，是宜由管理蒙藏機關將三民主義迻譯蒙文加以解釋，裒印成書頒行盟旗，並選派熟悉蒙情人員分赴各處詳加指導，俾蒙人明瞭三民主義實係博愛民眾，期世界躋於大同之宏規，非但內蒙向化，即外蒙民眾有不聞風興起，鼓舞來歸者哉。

一、蒙古通信機關亟須加以整理也。查蒙古地方遼闊，不通郵政，前清設有喜峯、古北、張家、殺虎、獨石五口台站專司遞送蒙旗公文。民國以來每口改設一台站管理處，分管五路蒙漢各站，近年經費欠發甚鉅，各站無法維持，加之兵災蹂躪，站丁動多逃亡，遞送公文每至遲滯。緣各口台站雖屬蒙藏院管轄，而經費一項仍延前清舊例由各省區支付，如喜峯、古北兩口由直隸發給，張家口由察哈爾發給，嗣改由財政部發給，殺虎口由綏遠發給，獨石口由察哈爾發給，事權不屬，畛域攸分，此項經費幾同施捨。在昔省自為政，中央威信毫無，蒙藏院無法可設，祇好置諸不聞不問之列。現在國家政令統一，似應分別切實整頓，如已通郵政之處，台站即可裁撤，未通郵政之處，急應更新規復，確定經費，按時支給，勿令愆期，編訂程限，不准遲悞，庶消息靈通，蒙事可得而理矣。

以上諸端均係目前切要之圖，現在北平蒙古代表團要求設立內蒙青海地方政治委員會者，實亦感於北平總彙機關裁撤，蒙事散漫無所秉承，是以擬請設立自治團體以資維繫。政府倘能毅然下令，首在北平成立一蒙事機關，並將以上建議各辦法採擇施行，則種種糾紛自可迎刃而解決。郁騤宣力蒙藏十有七年，蒙古情形知之尚悉，前充臨時參政院參政時曾有建議，當局未暇採納良用，慊然。今雖投閒置散，目擊蒙事日急，敢援匹夫有責之義，略獻芻蕘。是否有當，伏祈鑒核採擇施行。謹呈。

第十二次常會

日　期　民國十七年十月十二日（星期五）上午九時

地　點　懷仁堂

秘書長　俞家驥

記　錄　李銘

因委員請假，不足法定人數，延會。

第十三次常會

日　期　民國十七年十月十六日（星期二）上午九時

地　點　懷仁堂

秘書長　俞家驥

記　錄　李銘

因委員請假，不足法定人數，延會。

第十四次常會

日　　期　民國十七年十月十九日（星期五）
　　　　　上午九時
地　　點　懷仁堂
出席委員　閻錫山　李宗侗　商震
閻委員錫山　代理主席
秘書長　俞家驥
記　　錄　李銘

主席恭讀遺囑，宣告開議。

秘書長俞家驥報告第十一次常會議事錄（無異議）。

甲、報告事項

（一）北京師範大學附屬中學校等呈為開學日久經費無著請接濟款項並代電中央准予按月撥給以資維持案

決議：轉電大學院核辦。

（二）北平特別市教育局局長李泰棻呈據情轉呈請將留東經費餘款撥歸北平中小學教員經費以維教育案

決議：關於留東經費，曾經訊令北平稅務監督公署查復，究竟有無餘款，及能否挹注，應俟公署查復後再行核辦。

（三）北平國立各校教職員代表聯席會呈為校務停頓籲懇請查照成案派員簽領俄款以資維持案

決議：轉達國府請飭俄款委員查照辦理。

乙、討論事項

（一）蒙古代表團代表蒙古重申前請並擬具蒙古地方政治委員會組織大綱請提出公決案（主席提出）（延前會）

決議：查該代表團所請各節，如熱、察、綏三特區改省問題，業經中央政治會議決定，所擬在青海、呼倫貝爾、察哈爾設置蒙古地方政治委員會等事，不在本分會指導監督區域之內，未便置議。惟該代表團關心蒙事，情殊可嘉，應逕呈中央請求核辦。

（二）河北省黨務指導委員會縷陳反對嚴智怡理由請速電國府罷免以順民意案（主席提出）（延前會）

決議：併案委查。

附錄原件

蒙古代表團呈——為代表蒙古重申前請並擬具蒙古地方政治委員會組織大綱請提出討論

呈為代表蒙古重申前請，並擬具蒙古地方政治委員會組織大綱二十二條，伏乞鑒核，批准施行，以奠蒙疆而利國家事。竊我蒙古之政治系統，民眾疾苦，以及現在之共同希望，業於七月寢日代電縷晰陳之，並經一再電懇准予所請各在案。兩月於茲，覆音猶邈，豈中樞對於蒙古將我行我是仍如前政府乎，抑黨國事繁，未遑顧及蒙古耶，引領企望，曷勝惶惑。伏查蒙古疆域幾占國土之半，蒙古民眾忝列國族之一，脣齒相依，休戚與共。蒙古固不能離國家以自全，國家亦豈可置蒙古於不問。況今內憂未靖，外患方殷，蒙古環境異常惡劣，萬一發生不幸，能毋波及內地。中樞一日萬機，縱不以蒙古為意，然為內地之失全計，亦不宜以蒙事為緩圖也。現在軍事告終，訓政開始，民權平等，天下為公，省政府既將還之省民，蒙事自宜公諸蒙人。蓋蒙古之特殊情形，惟蒙人知之最詳，亦惟蒙人籌之最熟。往昔政府只知武斷，不察蒙情，故一度為外蒙造法，而外蒙獨立矣。縱任官吏魚肉內蒙，而內蒙等於征服地矣。現在國民政府既盡反其所為，想當以蒙人之公意為處理蒙事之根據也，用是不憚煩瀆，再將內蒙、青海、呼倫貝爾、察哈爾各旗蒙人之公意歸納陳之如左。

一、蒙古民族絕對擁護實行三民主義之新中國，而促其平日和平統一自由獨立。
二、蒙古民族於此新中國內自行保障其安全及發達，以期與國內各族與存而共榮。

更簡言之，則蒙古之主義有二：一曰擁護三民主義之新中國，二曰保障民族之安全及發達。其理由則蒙古自與滿清合作以來，政治上、經濟上、文化上、治安上均與內地發生密切關係，歷年既久，內傾彌堅，故在從前少數專政之民國時代，雖受種種壓迫及侵略，尚未忍出出任何反抗之舉動。現在國家再造實行三民主義，非但不復以前政府之待我者待我，且將扶持指導使其自決並自治。蒙古以今視昔，欣感莫名，自當擁護而絕對擁護之也。然則國內之和平統一，國際之自由獨立，蒙人自應共負其責，使之平日實現也。至於蒙族自求保全一節，自人類最終之目的言之，同胞物與，世界大同，非但不可有族別，抑且不必有國界。惟就現在之人情言之，則無論何民族莫不欲其本族之發榮滋長，如以大族併吞各小族而謀大同，則種族之爭鬥必愈烈，其必使大小民族同等生存發達，乃可漸進於大同，此為世界進化之當然途徑，殆亦總理民族主義所由創也。現此主義既已實行，蒙族本其常情，遵照主義，自可保障其安全及發達，以期與國內各族共存而共榮，但以促進新中國之統一為範圍耳。以上所述二條，係吾蒙古公意，海枯石爛，此志不渝。前寢代電請將熱、察、綏三特區改省問題打消，以免內蒙消滅，並請設置蒙古地方政治委員會，以便奉行三民主義各節，即本上述公意以立言。不過前電倉猝，未克詳其條目，茲除三區改省一事仍絕不敢贊同外，所有請設蒙古地方政治委員會一節竊以為不容再緩矣。謹遵現行制度，切合蒙地情形，擬具組織大綱二十二條，附以簡單理由繕呈鈞鑒，敬候核奪。再前電原請於內蒙、青海地方各設一政治委員會，茲因青海蒙人不願與內蒙分離，並為統一事權、節省經費起見，擬先合設一蒙古地方政治委員會。所有青海地方各項政務即內，各該盟旗與內蒙盟旗同一，秉承本會就地辦理，將來如遇必要時再為酌設分會，總當以適合蒙地情形為歸宿也。至於設會地點，容另擇妥，再請核定，合併陳明。所有披肝瀝膽，重申情請，並擬具蒙古地方政治委員會組織大綱各緣由，伏乞鑒核，迅賜批示施行，是所馨香禱祝者也。謹呈。

河北省黨務指導委員會公函——縷陳反對嚴智怡理由請速電國府罷免以順民意

敬啟者，巧電計已達覽，但以電文簡略未能詳盡，茲再縷晰陳之。查嚴智怡原屬曹錕時代之實業廳長，有極頑固之反動思想，有極腐敗之官僚息氣，就職以來發出種種反動言論，並勾結安福研究系反動份子以團結其封建勢力。至於本省各學校如何整理，黨化教育如何實施，至今仍屬毫無辦法。全省各學校、各級黨部紛紛來本會請願，異常激憤。彙集各方面反對嚴氏之理由約有六端：

（一）嚴智怡非研究教育之人，不知教育原理，不能為全省教育長官。

（二）嚴智怡非本黨黨員，不了解本黨主義與政策，所以更不能辦黨化教育。

（三）嚴智怡就任教育廳長以來，對省立第九中學校學生談話有（什麼黨化教育不過在功課表現上排點三民主義的鐘點就是了，不然就是赤化教育）、（教育而黨化甚不合理）等語，似此公言倡此反動的言論，實屬有違黨紀。

（四）嚴智怡乃一縉紳子弟，曹張家臣，久已養成虛偽貪詐之官僚習氣，不能在青天白日旗幟之下充革命的官吏。

（五）嚴智怡有勾結安福研究等系及國家主義派之事實。

（六）嚴智怡就職以來，對本省教育毫無計劃，各學校至今不能開學，已陷於停頓狀態，已證明其無辦教育之能力。

本委員會根據各界民眾意見，乃呈請中央罷免嚴氏，前得中央覆函謂由政治會議交國府查辦，惟事隔半月之久，毫無消息，而嚴氏依舊戀棧不去，近更變本加厲四出奔走，運用其官僚政客之手腕，以謀一己地位之保存。

各界民眾近更紛紛來本委員會詢問，並懷疑而責難本黨，長此遷延，黨國之威信行將掃地，而反動份子亦將猖獗。先生主持北方革命有年，對人民之請求向皆採納，對北方政治尤所關心，即希尊重民眾之意，並以河北全省教育為重，從速電達國府罷免嚴智怡。事關全省民意及河北全省教育，幸勿漠視，實為黨便。此致閻百川先生。

第十五次常會

日　　期　民國十七年十月二十三日（星期二）
　　　　　上午九時
地　　點　懷仁堂
出席委員　閻錫山　李宗侗　商震
閻委員錫山　代理主席
秘 書 長　俞家驥
記　　錄　李銘

主席恭讀遺囑，宣告開議。

秘書長俞家驥報告第十四常會議事錄（無異議）。

甲、報告文件

乙、討論事項

（一）滄石鐵路工程局建議修築滄石鐵路及擬發行公債暫敷窄軌以利交通案（主席提出）

決議：俟下次常會繼續討論。

第十六次常會

日　　期　民國十七年十月二十六日（星期五）
　　　　　上午九時
地　　點　懷仁堂
出席委員　閻錫山　李宗侗　商震
閻委員錫山　代理主席
秘書長　俞家驥
記　　錄　李銘

主席恭讀遺囑，宣告開議。

秘書長俞家驥報告第十五次常會議事錄（無異議）。

甲、報告文件

乙、討論事項

（一）滄石鐵路工程局建議修築滄石鐵路及擬發行公債暫敷窄軌以利交通案（主席提出）（延前會）

決議：查該局建議修築滄石鐵路，係為維持華北民生及發達華北商業起見，自應迅速施工，以期早日觀成，應由會加具意見，建議中央速予施行。至發行公債並敷設窄軌各節，本會亦表贊同，即由該局長妥擬詳細辦法逕呈主管部核辦。

（二）熱河旅平同鄉會通電反對湯玉麟妥協請仍飭前方各軍速進以竟全功案（主席提出）

（三）熱河十五縣公民代表暴化民等呈懇轉請政府將湯玉麟免職並任命戢翼翹為熱河省政府主席以順輿情而弭戰禍案（主席提出）

（四）熱河全區公民代表趙勝等呈為湯玉麟違法殃民懇另簡賢明以蘇民困案（主席提出）

（五）熱河旅平同鄉會電請令方總指揮尅期入熱肅清殘敵解除痛苦俾熱民早出水火案（主席提出）

決議：所陳困苦情形尚屬事實，應併案擇要電請中央迅籌解決辦法，以蘇民困。

第十七次常會

日　　期　民國十七年十月三十日（星期二）
　　　　　上午九時
地　　點　懷仁堂
出席委員　閻錫山　李宗侗　商震
閻委員錫山　代理主席
秘書長　俞家驥
記　　錄　李銘

主席恭讀遺囑，宣告開議。

秘書長俞家驥報告第十六次常會議事錄（無異議）。

甲、報告事項

（一）河北省商會聯合會會長張興漢等呈准蘆綱公所函開長蘆商人面稱綱總被捕真象莫名影響市面甚鉅據情呈請准予轉令保釋案

決議：關於此事，財政部已派員北上處理，應批令靜候核辦。

（二）財政部駐北平辦事處公函河北稅收均經指撥無款可籌除電部請示外函復查照案

決議：存。

乙、討論事項

（一）旅津河北省同鄉會呈為解除人民痛苦條陳八端請予決議施行以資救濟案（主席提出）

決議：條陳各端候分別函致各主管機關查照核辦。

（二）懷柔縣民眾代表李偉民等請願為軍隊駐滿縣境供給不堪請提會決議電陳中央迅飭移防案（主席提出）

決議：候電致中央及分函蔣總司令駐平行營，迅予移調，以蘇民困。

附錄原件

旅津河北省同鄉會代電——為解救河北人民痛苦條陳八端迫切呼籲

北平政治分會鈞鑒。河北省頻年以來，迭遭兵劫，饑饉荐臻，百業凋零，民生顛困，天災人禍，相逼而來，慘苦情形，實難言喻。今者革命成功，小民以災後餘生方期倒懸可解，安樂可期，詎料平津底定以還，依然駐軍遍境，匪患益深，強索給養則指縱有人架票劫掠，而剿除無日，其各地駐軍皆就勢力所及予取予，以致省政分歧，形同割據，流言載道，呼籲無門，民生大計盡付空譚，人心失望，前途堪虞。況值國家多難，赤禍潛滋，若不急謀解救河北，生靈固無以保，而淪胥大禍亦至可憂。敝會同人身受目覩，心所謂危，難安緘默。謹將河北人民亟應解除之疾苦，條陳於下。一、省內駐軍亟應撤退也。查河北境內各縣所駐客軍約數十萬，所需給養大半取自地方，官徵私納，已屬不堪，施辱逞兇，尤難忍受。各軍有官款、私款之收入，人民有直接、間接之負擔，劫後餘生，何克堪此。現軍事告終，正值裁兵之際，急應規定省防兵額，所有客軍皆令速歸原防，否則遷延日久，河北省勢必破產，此應請謀解救者一。一、省內積匪亟應剿除也。河北各縣向多匪患，此次變亂之後，更增劇烈。冀南、薊北夙稱匪區，固無論矣，即津、平附近亦群盜如毛，搶掠架票時有所聞。今軍事結束，亟應尅日剿除，以維治安，況土匪皆係潰兵散卒，雖有游民，究居少數，大舉搜剿，不難淨盡。匪患不除，民命弗保，建設事項尚何可言，此應請亟謀解救者二。一、省內災民亟應賑撫也。查河北各縣久罹匪患，水旱連年，加以兵燹之後，流亡載道，遍野哀鴻，民間疾苦達於極點。若不急籌巨款，普施賑濟，誠恐轉瞬嚴冬，災國之內將無孑遺，此應亟謀解救者三。一、省行苛雜捐稅亟應取締也。查苛雜捐稅悉為軍閥時代之產物，且為革命打破軍閥之目標，實以其病商擾民為害最巨，青天白日旗下決無任其存在之理。惟革命以來，舊有苛稅未聞取消，且復增添烟油麵粉等稅，違反財政賦稅之原理，累及小民生活所必需，在軍閥萬惡時代尚且不肯為者，今則毅然行之而無所顧忌，無怪民情憤激不可過，抑宵小奸宄引為鼓惑之資，此應請亟謀解救者四。一、省內不良紙幣亟應取締也。河北省自舊直隸省鈔停兌後，金融界已受絕大之打擊，工商各業因之倒閉者不尠，經此次變亂又受莫大之影響，損失益屬不貲。今建設自應以整理紊亂已極之金融為第一要圖，否則一切建設皆無從入手。查近日津埠方面忽呈極度之緊張，其重要原因，一則中央角票因無正當兌現之機關不能充分兌現，致其價格跌落，變為不良紙幣；二則晉鈔未設兌現機關，完全無處兌現，若不即速停止發行或設充分兌現之機關，則河北金融必成不治之症，此應請亟謀解救者五。一、河北省教育亟應維持也。查河北教育年來因受戰事影響，幾乎完全破產，現軍事雖終，而兵災之後財力匱竭，教育經費仍無著落，全省中小學校多被壞毀，維持現狀既無實力，前途發展更屬難期。至國立各大學尤感困難，勢將解散，致河北青年全數失學，若不根本救濟，河北文化必一蹶不復起矣，此應請亟謀解救者六。一、省內財政亟應公開也。共和政體人民有納稅義務，即有監督財政之權，負擔者愈重，監督者愈嚴，各國之通例也。今者國民革命旗下各當局人以財政公開一再宣示於眾，自當實踐其言，關於財政一切收支詳細編定收支計算書宣諸公報，以昭大公。然津平規復以來已數閱月，而稅收之法未聞有所革新，收支之數未聞有所宣佈，所收之款歸於何，支處出之數究有若干，人民無從知悉，一如軍閥秉政之時。最可怪者，機關欠薪，學校無款，比之往昔實有過焉。長此不已，維持現狀且有不能，一切建設何能談及此，應請亟謀解救者七。一、省政亟應還諸省民也。河北省自脫離軍閥割據，隸屬於國民政府之下，革命領袖無不以省政還諸省民，昭示大眾打破封建思想，實行民權主義，自應爾爾。乃易幟數月，河北為少數人之地盤也如故。一省之中又各分疆界，任意苛斂也如故。小民顛連困苦，無所告訴也如故。當此形成統一之際，若仍視河北為地盤，勢必互相角逐，甲起乙仆，永無已時，不惟不能弭爭，適足以兆亂。若以省政還諸省民，則糾紛自解。環顧各省，概皆實現民治，省政還諸省民，而河北獨異，同為國民，豈應歧視，此應請亟謀解救者八。統上八端，皆河北人民最感苦痛，亟應救濟，刻不容緩者，敝會謹代表四千萬民眾迫切呼籲，除分電外伏乞鑒察，俯念全省民眾望治之殷，急謀解救，以副黨國革命之精神，國家幸甚，河北幸甚。

第十八次常會

日　　　期　民國十七年十一月二日（星期五）
　　　　　　上午九時
地　　　點　懷仁堂
出 席 委 員　閻錫山　李宗侗　商震
閻委員錫山　代理主席
秘　書　長　俞家驥
記　　　錄　李銘

主席恭讀遺囑，宣告開議。

秘書長俞家驥報告第十七次常會議事錄（無異議）。

甲、報告事項

（一）北大十六年秋入校新生及編級生全體函為北大少數分子鼓動風潮肆意誣衊妄將學籍開除請主持公道以解糾紛案

決議：函轉北平大學區校長查照核辦。

乙、討論事項

（一）河北省紳商民眾等請願撤銷麥粉特稅以維民生案（主席提出）

決議：麥粉為北方惟一民食，該紳商等所請取消薊魯麥粉特稅，係為維持民生起見，應由會加具意見，電請中央飭部核辦。

（二）河北省政府電陳關於各機關服務人員有違法犯贓情事發生應如何懲處請迅予決議以肅官常案（主席提出）

決議：查該省政府既經分呈中央，事關立法，應聽候中央核辦。

附錄原件

河北眾紳商民等代電——通電請免麥粉特稅

南京中央黨部中監執委會、國民政府財政部、各部院、廣州政治分會、開封政治分會、太原政治分會、北平政治分會、各省省黨部、各市黨部、各縣黨部、北平平津衛戍總司令部、各省省政府、各集團軍總司令、各總指揮、各警備司令、各軍長、各師長、各法團、各報館鈞鑒。概自民國肇造十有七年，戰禍頻仍，迄無寧歲，交通阻絕，百物高昂，實業凋殘，民生愁困。在昔當局罔顧民生，既無興利除弊之方，復作橫徵暴斂之舉，吾民何辜，罹此凶殘，興言及此，至為痛心。今幸革命告成，統一在望，義旗所至，民慶甦生，原冀苛捐雜稅從此蠲除，孰意人民之擔負催促急於星火，凡我萬死一生之小民正如吳牛喘月，對此能不驚魂動魄，奔走呼號。夫革命大軍轉戰南北，百折不撓，以期完成革命，實現三民主義。三民云何，注重民生，民生要素，民食為本，今則不思救濟以舒民困，而反將增加麥粉特稅，此實大惑不解者。或云關稅自主，此則抵制外貨之銷售，以免利權之外溢，誠然斯言，凡我國民誰不希冀。第麥粉非他種舶來品之比，且吾國干戈擾攘，無歲無之，砲火無情，人命芻狗，益以連年水旱，沃野皆荒，強者挺而走險，弱者轉乎溝壑，老幼婦孺流離失所，民不能農，地復何出，致使自古以農立國者竟至民食供不應求，更以蘇麥禁止於前，東糧難運於後，不得已而仰給外邦以濟急需。彼外邦人民原不欲其麥粉出境，意為供過於求，生活低減，今幸外邦尚無麥粉出口之禁令，今我若云增稅以示抵制而維國貨，恐麥粉為民生不可缺之品，徒以國貨之不敷用，仍須購諸外邦，斯於外人無損絲毫，而吾民則更增負累。故外粉之來，實乃調劑民食，非僅經理者利益而已。日本以不用外貨而興國，獨於美粉則歡迎之不遑，良以本國出產不足，必須仰給於外，蓋以維持民食之政策不得不爾。語云兩利相權則取其重，兩害相權則從其輕，此麥粉特稅應取消者一也。

國以民為本，民以食為天，今也盱衡薊魯，論生產則四民失業，論財力則剝削殆盡，論軍事則收束何時，論匪患則猖獗獨甚，論內政則望治彌殷，論外交則甘受荼毒，論民衣則禦冬無著，論民食則十寒一哺，論民住則十室九空，論民行則梗阻架劫，是皆予吾民之莫大痛苦而不便生活者。溯自今春以來，薊魯人民轉移於關外者絡繹不絕，一幅流民圖真不忍覩，今更蝗雹成災，雨水連綿，以元氣大傷之民眾值此日不聊生之際，正宜振恤不暇，設於麥粉加以特稅，是豈愛民救民之道。南北既已統一，自無畛域之分，何以南方食米北食方麥，特稅不加於米反加於麥，且魯省以外交關係，事權不能由我，遂僅從薊北著手，果厚於彼而薄於此，恐於先總理天下為公、自由平等之言大相背謬。此麥粉特稅應取消者二也。

揆諸經濟原則必也上下相捄，共臻治理實業，繁興人民安樂，然後於各項實業非常發展之中，稍徵微數，人民踴躍輸將，不覺其苦，且果全國之農產豐富，麥粉廠林立，國粉廉於外粉，則不待禁而自不來也。是從積極上求之，上下皆蒙其利，乃我國不幸值連年歉，北地人民得一苟延殘喘者，幸賴外粉以補助。粉不爾，麵價飛騰恐加現時數倍不止，前此當道尚不肯加徵關係民食、徒苦小民之麥粉稅，而在此青白旗下，能容此僅於消極上著想有害民生之苛稅乎。此麥粉特稅應取消者三也。

前此當局議收茶捐，經紳商反對而止，復行整理棉業，亦經反對擱置，舉辦奢侈品捐，亦以反對而輟，夫茶也、棉也、奢侈品也，較諸麥粉當為人生日用之次，一經陳述不能納捐，猶獲當局諒而中止，況麥粉為民生日用必需最要之品，詎可率加特稅，不啻殺人民之生命，徒惹全國之反動。想黨國政府不乏理財專家，而理財之法亦甚多，又何忍而必出此。此麥粉特稅應取消者四。

總之國民革命是因民意而戰，故凡有利於民者興之，無利於民者廢之，未有干冒不韙故拂民意者。深望當局留小民一線生機，體諒先總理遺囑，努力維持民食，即所以維持民生用。謹電懇一致援助，迅予收回麥粉特稅成命，不勝感盼，待命之至。

第十九次常會

日　　期　民國十七年十一月六日（星期二）
　　　　　上午九時
地　　點　懷仁堂
出席委員　閻錫山　白崇禧　李宗侗　商震　劉鎮華
閻委員錫山　代理主席
秘 書 長　俞家驥
記　　錄　李銘

主席恭讀遺囑，宣告開議。

秘書長俞家驥報告第十八次常會議事錄（無異議）。

甲、報告事項

（一）劉石林等函為已故委員孫上將岳購地公葬請籌撥款項俾克舉辦案

決議：交河北省政府查照辦理。

乙、討論事項

（一）白眉初建議設置民國地理博物院請予決議施行案（主席提出）

決議：所陳設置民國地理博物院，條舉目張，包羅萬有，洵為近世博物史上開一新紀元，固不僅增進國民實業上知識及繁榮北平市面已也。惟茲事體大，開辦維艱，應由會加具意見，電請中央核辦。

第二十次常會

日　　期　民國十七年十一月十三日（星期二）
　　　　　上午九時
地　　點　懷仁堂
出席委員　張繼　白崇禧　李宗侗　商震
張委員繼　主席
秘 書 長　王用賓
記　　錄　李銘

主席恭讀遺囑，宣告開議。

秘書長王用賓報告第十九次常會議事錄（無異議）。

報告事項

（一）中央政治會議陽電關於河北駐軍議決電閻委員等籌商辦法並希轉達案

決議：由本會轉達張、閻、白、吳四委員會商具復，並鈔發原電。

（二）河北交河縣商會呈為交河黨務指導委員張世勛等騷擾情形請公決案

決議：令行河北省政府查明具復。

討論事項

（一）北平黨政研究院簡章草案（張主席繼閻委員錫山提出）

決議：請李委員、白委員、商委員審查，由李委員召集。

張主席臨時動議關於本會經費應如何籌撥以資維持

決議：由會一面電請中央迅速通過預算指撥的款，一面函達財政部駐平辦事處暫照預算先行按月撥給，並補發以前應撥經費。

附錄原件

北平黨政研究院簡章草案

第一條　本院以研究中山主義之根本原理及其與中外政治哲學及社會科學之關係並國際推行之方法，以期養成通達黨治之人才，以資黨國建設之需用為宗旨。

第二條　本院經費由北平政治分會負責籌集。

第三條　本院設董事會以執行本院一切事務董事會，由北平政治分會主席及全體委員組織之。

第四條　本院設院長一人，由董事會聘請職員若干人，由院長任用。

第五條　本院由院長聘請邃於政治學識並深悉本黨黨義及深明中國內政上之利弊得失者若干人，以指導學員之研究並教授之。

第六條　凡由國內外各專門大學文法兩科畢業，年齡在四十歲以下，品行端正無確嗜好者，經本院考試及格得為本院學員。

第七條　未經專門大學畢業而對於黨政研究確有心得者，得先提出論文，經本院審查合格後，亦得參與本院入學試驗。

第八條　本院學員修業期間定為一年，其成績欠佳者得命令其補習半年。

第九條　本院學員修業期滿考試及格後，由本院給予證書，並請北平政治分會分發或介紹於各省區任用之。

第十條　本院規定必修科目如左。

一，三民主義　五權憲法；

二，建國大綱　建國方略；

三，中國國民黨第一次代表大會宣言及決議案；

四，中國革命史「由興中會起至現在止」；

五，十三年以後之民眾運動實況；

六，共產黨篡黨之策略及其經過；

七，清共及絕俄之實況及理由；

八，總理其他一切遺著。

第十一條　本院研究之問題由董事會及院長會共同審定隨時提出茲舉例如下。

一，就中國文化上研究三民主義之原理；

二，就世界趨勢上推測三民主義之將來；

三，民族主義與國家主義、世界主義之關係；

四，實現民族主義之方法；

五，中國倫理及社會禮俗之存廢問題；

六，中國徵兵之預備及實行之方法；

七，黨權與民權之界說；

八，喚起民眾訓練民眾之具體方案；

九，民生主義與共產主義、社會主義之異同；

十，何謂地權如何平均；

十一，節制資本之方法；

十二，實現耕者有其田之方法；

十三，增加生產及平均分配之方法；

十四，公辦實業如何取用人才、如何籌集資本、如何使之較私人企業有進步而無流弊；

十五，行政官吏必要之道德智識及經驗；

十六，改進教育之方案；

十七，第一二三四國際之研究。

第十二條　本院學員對於提出研究之問題，由院長限期令其解答。

第十三條　本院學員除專攻必修科目及研究個問題外，得由院長指定其他必要科學或名人撰述令其研究。

第十四條　本院每月將學員答案彙齊，經過審查後編印月刊，質正於社會。

第十五條　本院學員之膳宿費、書籍費均由本院供給之。

第十六條　本院學員入院後，倘發現共黨嫌疑，經董事會議決，得令其退學併加以相當制裁。

第十七條　本簡章自北平政治分會議決之日施行。

第二十一次常會

日　　期　民國十七年十一月十六日（星期五）
上午九時
地　　點　懷仁堂
出席委員　張繼　白崇禧　馬福祥　李宗侗
張委員繼　主席
秘 書 長　王用賓
記　　錄　李銘

主席恭讀遺囑，宣告開議。

秘書長王用賓報告第二十次常會議事錄（無異議）。

報告事項

（一）宛平縣模式口六村代表李瑞泉等呈請俯順輿情准予村境仍歸原縣管轄案

決議：分令河北省政府及北平特別市政府於劃界時加以注意。

（二）大興縣黨務指導委員會等詳陳省市劃界意見案

決議：分令河北省政府及北平特別市政府於劃界時注意，並將省市劃界情形迅速具復候核，以便轉呈中央決定。

（三）北平特別市市長何其鞏呈為援例商請河北省政府按月補助市政經費乞鑒核轉令查照辦理案

決議：轉令河北省政府知照。

（四）周震麟函據劉鍵請給恤死難仇同志亮家屬以資贍養案

決議：轉令中央優予給恤。

（五）北平特別市政府函據陝豫甘三省災情奇重請代為募款以資救濟案

（六）閻總司令真電為晉省災情奇重請籌款賑卹案

決議：併案轉令河北省政府及平、津兩特別市政府募集賑款。

（七）中央民眾訓練委員會灰電請就近考查鐵路工人現狀復辦理案

決議：由會派員分路考查，並召集平漢、平綏、平奉各路局長到會報告各該路工人情形，以備參考，一面先行復電中央民眾訓練委員會。

（八）財政部河北捲烟稅局第六區分局長吳禹平電為滄縣知事杜濟美濫用職權非法逮捕請主持公道案

決議：令河北省政府查明具復。

（九）河北水產學校專門教員徐金南呈擬整頓河北省立水產學校計畫祈鑒核轉令查照施行案

決議：函大學委員會北平分會核辦。

（十）葉夏聲呈為條陳化兵為工及興築平熱鐵路計畫請採擇施行案

決議：存查。

討論事項

（一）汪大燮等建議擬以北平為研究世界文化之中心請予決議施行案（主席提出）

決議：緩議。

李委員臨時動議提出北平黨政研究院簡章草案（審查報告）

決議：照審查報告修正案通過。

附錄審查報告修正案

北平黨政研究院簡章

第一條　本院以研究中山主義之根本原理及其與中外政治哲學暨社會科學之關係並實際推行之方法，期養成通達黨治之人才，以資黨國建設之需用為宗旨。

第二條　本院經費由北平政治分會負責籌集。

第三條　本院設委員會以執行本院一切事務。

委員會由北平政治分會主席及全體委員組織之。

第四條　本院設院長一人，由委員會聘請職員若干人，由院長任用。

第五條　本院由院長聘請邃於政治學識並深悉本黨黨義及深明中國內政上之利弊得失者若干人教授之。

第六條　凡由國內外各專門大學畢業，年齡在四十歲以下，品行端正確無嗜好者，經本院考試及格得為本院學員。

第七條　未經專門大學畢業而對於黨政研究確有心得者，得先提出論文，經本院審查合格後，亦得參與本院入學試驗。考試規則另定之。

第八條　本院學員修業期間定為一年，其成績欠佳者得〔將〕令其補習。

第九條　本院學員修業期滿考試及格後，由本院給予證書，並請北平政治分會分發或介紹於各省區任用之。

第十條　本院規定必修科目如左：

（一）三民主義　五權憲法；

（二）建國大綱　建國方略；

（三）中國國民黨第一次代表大會宣言及決議案；

（四）中國革命史　中國近代外交史；

（五）十三年以後之民眾運動實況；

（六）共產黨篡黨之策略及其經過；

（七）清共及絕俄之實況及理由；

（八）總理其他一切遺著。

第十一條　本院所研究之問題由委員會及院長審定之。

第十二條　本院學員除專攻必修科目及研究各問題外，得由院長指定其他必要科學或名人撰述令其研究。

第十三條　本院每月將學員答案彙齊，經過審查後編印月刊，質正於社會。

第十四條　本院學員之繕宿費、書籍費均由本院供給之。

第十五條　本院學員入院後倘發現共黨嫌疑，經本院查明，予以嚴厲制裁。

第十六條　本簡章如有未盡事宜，得由委員會呈請北平政治分會增修之。

第十七條　本簡章自北平政治分會議決之日施行。

附錄原件

汪大燮等函——擬以北平為研究文化中心請提案決議

敬陳者。大燮等對於北平地點以為可以作研究世界文化之中心，不揣譾陋，擬具提案，送請鈞會決議。如蒙鑒納得以實行，於世界前途有所裨益，豈特國人之幸已哉，為此陳請，敬候察核，謹陳。

附提案一件

擬以北平為研究世界文化中心點之提案

為提案事，西方文化發源於希臘，東方文化發源於吾國，此為世界學者所公認。顧希臘文化曾經中斷，後雖復興而已離其本。吾國文化雖或停滯，而未經中斷，其所以遞嬗變遷之故，皆有迹象可尋，此亦為世界學者所公認。然則振興吾國文化，以與世界相見，亦完成革命中所有事也。蓋吾國文化由國家主義以達於世界主義，而以世界主義為歸宿。春秋張三世為國家主義，以達於世界主義之明證，禮運主大同為以世界主義為歸宿之明證，是吾國文化本有推行於世界之可能性。且自物競天擇之說震盪於全歐，而人類直等於芻狗，近雖稍知變計，而物質文明抗進未已，貧富階級之鬥爭幾於無時無地不可以爆發，以窮變通，久之恆理，推之亦非推行文化，不足以挽世界人類之劫運。西方學者謂二十世紀之文明，已非條頓人種之文明，而為斯拉夫人種之文明，繼其後者當為通古斯人種（亦西人稱吾民族之通名）之文明，果爾則吾民族以世界文化之主人翁自命，而於吾國中劃定一區域為研究世界文化之中心地點，亦不為僭越矣。茲者吾國內部業經統一，中央政府南移，以致七百餘年吾國政令所從出之北平，遂成為河北一省之附庸，而一般民眾之觀念，按照天時地利與交通之便，猶視北平為要區。大燮等以為宜於此時利用此種觀念，以北平為研究世界文化之中心地點，就舊有之建築物設一大規模之世界文化研究院，羅致通儒，分類研究，附設一最大圖書館以供學者之探討，復於世界文化研究院內，更出故宮珍秘，徵集私家收藏，發掘地下蘊蓄，開一大規模古物展覽會。第一步先將吾先民所謂形上之道與形下之器為有統系之研究，使知吾國文化之真相。第二步即以研究之所得，盡量灌輸於歐美各國，以為文化之交換。第三步又以交換之所得，悉心闡明吾先民所引而未發之精蘊，完成吾民族對於吾先民及世界人類所負之責任。此固非整理國故、保存國粹之說所得而囿之者也，事關重要，是否可行，提請公決，辦理幸甚。

第二十二次常會

日　　期　民國十七年十一月二十日（星期二）
　　　　　上午九時
地　　點　懷仁堂
出席委員　張繼　閻錫山　白崇禧　李宗侗　商震
張委員繼　主席
秘 書 長　王用賓
記　　錄　李銘

主席恭讀遺囑，宣告開議。

秘書長王用賓報告第二十一次常會議事錄（無異議）。

報告事項

（一）國民政府文官處函送北平總商會尊古齋等電為陵案發生黃伯川等因嫌受累被押請准予取保候訊希查照案

決議：交高等軍法會審從速審訊，分別省釋，以免拖累。

（二）旗族民眾馬恭勛等呈請國府派周震麟專辦旗產以慰群情案

決議：與旗民〔族〕代表金璧東等呈請一案併案討論

（三）李智李仁李義呈為先父六更效忠黨國積勞捐軀懇酌頒卹金並請培植後代案

決議：所呈尚屬實情，應由會轉呈中央援例辦理，並優予給恤。

（四）北平特別市受補助私校代表英杭〔杖〕等呈為學校破產請飭市政府速撥補助費以維教育案

決議：令〔命〕北平特別市政府一面調查各私立學校現狀，一面速補發補助經費藉資維持。

（五）河北省遵化縣公民果善增呈詳陳其父購辦槍枝情形並附證據乞賜裁決以洗冤抑案

決議：交河北省政府查明具復，並訓令河北省政府關於此類事項，除確有實據應予嚴辦外，如有假藉懲治土豪劣紳條例而故入人罪者，即當嚴行制止。

（六）方委員函俟所部軍隊縮編就緒再行到會案

決議：函復請速到會。

（七）豫陝甘賑災委員會馮玉祥等電告成立並懇援助案

決議：復電援助。

（八）淶水縣公民代表辛寅等呈為劣紳馬汝典等壟斷商會擅發紙幣請派員查辦案

決議：令行河北省政府查明具復。

討論事項

（一）旗民代表金璧東等呈請決議迅電中央特派周震麟督辦旗產以資清理而利民生案（主席提出）

決議：交付審查，審查委員張主席、李委員、商委員，由主席召集，並約熟悉旗產人員到會備詢。

（二）故宮博物院藏有籌辦夷務始末一書擬請撥款影印

以資參考（李委員宗侗提出）

決議：由會電呈中央轉飭財、外兩部撥款四萬元，就近由平影印道、咸、同、光四代夷務始末書共三百六十本，並請轉中央執行委員會、國民政府飭令各省政府、市政府、縣政府及省市縣各級黨部均各訂購一部以資參考，另由會函達故宮博物院請其從速影印樣本一份，以便附同呈遞。

附錄原件

李委員宗侗提議——故宮博物院藏有夷務始末一書擬請撥款影印以資參考

故宮博物院藏有籌辦夷務始末一書，匯集道光以來對外交涉、檔案、章奏、條約無所不包，計道光、咸豐、同治三朝共二百六十冊，為近代外交史料巨觀。查道光以後，國勢陵夷，各種不平等條約皆發生於此時代，為求實現總理遺囑，廢除不平等條約，必須先明瞭當時訂立之歷史，而歷史記載莫備於是書，則其重要可知。擬請本分會籌款三萬元，交由故宮博物院代為影印，使全國人士皆明瞭以前外交失敗之真因，並呈請中央執行委員會常務會議，飭令各省、市、縣黨部及國民政府各省政府所屬各機關皆訂購一部，以資參考研究。是否有當，尚希公決。

第二十三次常會

日　　期　民國十七年十一月二十三日（星期五）
　　　　　上午九時
地　　點　懷仁堂
出席委員　張繼　白崇禧　李宗侗　商震
張委員繼　主席
秘 書 長　王用賓
記　　錄　李銘

主席恭讀遺囑，宣告開議。

秘書長王用賓報告第二十二次常會議事錄（無異議）。

報告事項

（一）中央政治會議電示本分會預算應行酌減，所請之款已飭財部撥發案

決議：俟奉到詳函再行酌減。

（二）劉委員電復因病畏寒不敢遽定行止案

決議：覆電慰問仍請早日到會。

討論事項

（一）蒙古代表團條陳解決蒙事辦法請予決議施行案（主席提出）

決議：所陳各節洵屬整理蒙事，不可不知之蒙民意見，應即轉呈中央藉作有力參考，並請示可否將蒙藏委員會移設北平以便就近指導。至關於西藏事宜，似應在西康或其他相當地方設置分會以利進行。

第二十四次常會

日　　期　民國十七年十一月二十七日（星期二）
　　　　　上午九時
地　　點　懷仁堂
出席委員　張繼　閻錫山　白崇禧　李宗侗　商震
張委員繼　主席
秘 書 長　王用賓
記　　錄　李銘

主席恭讀遺囑，宣告開議。

秘書長王用賓報告第二十三次常會議事錄（無異議）。

報告事項

（一）河北省黨務指導委員會公函據雞澤縣威縣等指導委員會呈請依中央批示實行查辦教育廳長嚴智怡請依法查辦案

決議：與本分會秘書呈復澈查河北教育廳長嚴智怡情形請討論公決一案，併案討論。

（二）伍汝康函詳論中央維持北平鹽務稽核總所之不當並極論袁氏五國借款不宜償還案

決議：轉達國民政府鑒核。

（三）熱河旅平同鄉會呈為天津熱河興業銀行款賬等項請飭令全數交出以便清理至寄押四人仍請嚴加看管案

決議：函平津衛戍總司令部查覆。

（四）天津銀行公會函關於蘆鹽產捐變更用途請仍維持議決原案祈鑒核實行案

決議：令河北省政府查覆。

（五）孫葆琦呈為改良棉作推廣植棉振救棉業根本政策請採擇施行案

決議：交河北省政府轉飭主管廳採擇。

（六）前農商部技士胡哲如等呈請嚴定礦務整理委員會委員資格乞鑒核轉令施行案

決議：交河北省政府轉飭主管廳核辦。

（七）熱河旅平同鄉會呈請俯納民意驅除國賊以救熱民案

決議：轉呈中央請迅籌解決方法以救熱民。

（八）國府文官處公函奉諭交孫良誠原電為孔蔣對調案

決議：甘、魯兩省非本分會職權所能及，原件函送國府。

（九）平綏鐵路管理局函復沿線工會發生事件甚夥開呈節略請鑒閱案

決議：原呈節略抄發平綏路調查員參考。

（十）河北省政府電關於本省各機關搭收中央輔幣經會議決辦法電請鑒核備案案

決議：准予備案。

（十一）國府文官處漾電電達中央最近政情案

決議：存案。

討論事項

（一）本分會秘書呈復澈查河北教育廳長嚴智怡情形請討論公決案（主席提出）

決議：所列各款既據查明不實，似係黨部有意攻訐，應照覆中央核辦。

（二）北平特別市呈為擬定本市行政區域暨與河北省政府商洽情形請指示遵行案（主席提出）

決議：交付審查委員張主席、白委員、李委員、商委員，由張主席招集。

附錄原件

北平特別市市長何其鞏呈——為擬定本市行政區域暨與河北省政府商洽情形祈鑒察指示

呈為擬定本市行政區域及與河北省政府商洽情形敬祈鑒察指示事。竊查行政區域為一切行政之根據，必須區劃分明，以期治權之統一，更應形勢完整，以圖永久之建設，前因北平特別市區域沿襲舊貫，尚無明白規定，微特各項市政無從計畫，即與河北省政府權限亦虞紛歧，影響所及，實非淺鮮。遠經再四籌度，擬將本市區域東達通縣、張家灣，南抵豐台鎮，西包西山，北收大、小湯山。庶綰水路之形勢，以謀平市之繁榮，並於四月十八日電呈國民政府鑒核在案。旋遵奉電飭照京滬先例，與河北省政府協商，迭與復省政府所派孫委員奐崙等在平接洽劃分政限問題，當將所擬市區界限提出協商，彼此意見亦甚融洽，惟省政府委員主張不廢舊縣，經詳晰考查，將東部界限減縮，仍依舊界，以免通縣割裂，此外就事實之必要，依行政便利、交通完備、形勢整齊、建設合宜之原則，按照特別市組織法第四條規定繪具圖說，於九月十日呈報國民政府核定。旋奉指令內開候令行內政部、河北省政府派員會同詳勘妥議另案呈候核定等因，並經內政部函知派定羅委員耀樞莅平，遵由職府指定人員一再與河北省政府所派委員會晤商洽，並請內政部委員列席指導。惟省政府對於原案另提出區域圖，並擬將市管郊區西部劃入縣轄，且以昌平縣南郊平原倘劃歸市區，則該縣恐難成立，職府以為大、小湯山與平西名勝本屬聯絡，現有青湯、平湯兩長途汽車路，亦與平市繁榮攸關，最少限度亦應將大、小湯山及兩路劃歸市轄，此外省政府所擬核與原案既大相逕庭，自難遽行商定。理合檢同原擬圖說，呈明鈞會指示遵行。至新界未劃定以前所管區域，復經內政部擬定應按照前北京市政公所及警察總監所管之界限為原有之區域以明權限等因，呈奉行政院指令照擬辦理等因，由部轉行到平，業經通飭所屬遵辦。合併附陳所有呈報擬定本市行政區域暨與省政府商洽經過情形，伏候鑒核訓示。謹呈。

附鈔原件

劃分北平特別市市區說明書

本市政府接管前京都市政公所所轄城郊區域，係民國十四年九月規定。現在本府依法組織成立瞬將兩月，而市行政區域迄未正式劃定，將來與河北省政府權限時虞紛歧，茲為確定區域計，擬以舊城郊區域為基礎，西、南、北三部酌量展拓，舉其四至如左。

（一）東界：北至東壩，南至大羊坊（舊界），東北包孫河鎮，東南達馬駒橋界（新界）；

（二）南界：包有南苑全部，抵魏善莊，東南聯馬駒橋，西南抵永定河岸（均新界）；

（三）西界：北自石窩材北，南抵門頭溝，再南以永定河岸為界（北部舊界、南部新界）；

（四）北界：展拓至大、小湯山以北，東北聯孫河鎮，西北達石窩村北（均新界）。

依上列劃分市區界線，周延約四百里，東西相距約九十里，南北相距約八十五里，總面積約得六千五百方里。至於分劃理由，係根據行政便利、交通完備、形勢整齊、建設合宜之四種原則定之，分別說明如左。

（甲）行政便利。本市城郊地方本屬大興、宛平兩縣轄境，向以城之東西分屬兩縣，縣治即設城內。前清數百年間，縣之職權久不能行使，而城郊一帶各種行政設備儼同特別區域，似應其舊貫毋待再議。但東部之孫河鎮、南部之豐台鎮、南苑均密邇城市，應予劃入，不能任其畸形發展。大、宛兩縣治似應移至市區以外，庶免糅雜。此其一。

（乙）交通完備。北平為國有漢平、平奉、平綏各鐵路交匯之地，東自通惠河而達運河，西有平門支線，茲為交通便利計，南之豐台、西之蘆溝固應劃入市區，即平門支線終點之門頭溝距舊界一站，亦宜劃入，如此則西瀕永定河、南扼三路之衝，水路交通於焉俱備。此其二。

（丙）形勢整齊。從□市區西部廣袤，東部狹隘，南部又有南苑介於其間，北部毗連昌平，大、小湯山本與西山園囿山林相呼應，除東界應與通縣治距離過近不再展拓以免割裂縣治之虞外，南部則包括南苑，以免壤地交錯，北尤應將大、小湯山劃入，以期聯絡而造成田園都市之基礎。如是化入東西之距離與南北相若，試披覽圖面，道里既屬平均，形勢確能整齊。此其三。

（丁）建設合宜。北平城市自國都南遷以來，百業凋零，四民失業，是非提倡文化、整理工業、改良農作，無以恢復固有之繁榮。查門頭溝一帶乃煤礦聚集地，南苑夙為農產淵藪，大、小湯山以達平西，古蹟名勝端在修護，若畫為一區亦足以發揚文化並改造藝術的都市，益以平西煤產、南苑農業更可謀工藝之發展。此其四。

綜上所述，本市之劃分既根據從來之舊制，復參以四項原則，或依舊界、或循山河道路，將來正式勘定並不繁難，而所畫之縣境得大、宛、昌三縣之一部分（南京特別市區擬畫六縣地，上海特別市區已畫五縣地），則相展拓僅謀相當之建設，當無騖廣之嫌，謹說明其理由用備參考證焉。

附件

查此次畫入本市區重要市鎮計東部（一）為孫河鎮，大興縣屬。西部（一）為豐台鎮；（二）為蘆溝橋鎮；（三）為門頭溝，均宛平縣屬。南部（一）為南苑；（二）為黃村鎮，均大興縣屬。北部（一）為大、小湯山，昌平縣屬。茲將應行畫歸本區理由分述如左。

（一）孫河鎮。查該鎮距平城三十三里，為北平自來水水源，全市引水現在悉取給於此，將來市政發展所有清潔、疏濬、改建，息息與衛生行政相關，必須劃入管理，乃便經營。否則為河北省縣轄之一鎮，恐無整理之望。倘水流不潔，疫癘斯興，水源不暢，飲料堪虞。為衛生計，勢非統一管轄不可也。

（二）豐台鎮。查該鎮當本市南部之西南，原為前清右營汛地，嗣以設立車站，乃劃歸宛平縣設立警察分所，而南部管界直及豐台住戶牆外。該鎮又係三路之交點，戶口殷繁，乃因管轄權限所及，於偵查緝捕動形障礙，於本市治安亦多關係，似應歸復舊制，仍歸市區之內。

（三）蘆溝橋鎮。查該鎮距平城三十八里，地當永定河左岸，交通既屬要衝，水患尤關重大，應予畫入，庶可扼西路之咽喉，且便共同治河。

（四）門頭溝。查該處距平六十里，為平門鐵路之終點，距郊界三家店祇一站，交通綦便，而北平煤炭悉恃該處出產，應即由市區管轄，以免紛歧。即將來整理礦產、發達工業，以特別市財力經營之更有俾。

（五）南苑鎮。查該鎮距平城二十餘里，前清為奉宸苑轄，清末開墾，始設營市街警察局。近年盜賊出沒，治理不周，且與本為南郊處毗連，自南苑東北角大羊坊起，西至角岱轉至黛西大紅門止，延亙數十里，各村落咫尺相望，為維持治安計，市發達農作計，均極應收入區，藉資整頓，固不僅形勢上本插花於市以內也。

（六）黃村鎮。查該苑鎮市平城五十里與南苑毗連，南苑既畫入市區，即應聯帶畫入以裨治理。

（七）大、小湯山。查湯山為北平名勝，與平西各園形勢聯絡，行宮、溫泉、建築崇閎，道路直達，遊客絡繹，與北平至有關係，有畫入之必要。

以上七處鎮市均應劃入市區，其他附近村落將來於勘界時再行詳為規定，均詳見略圖內。

第二十五次常會

日　　期　民國十七年十一月三十日（星期五）
　　　　　上午九時
地　　點　懷仁堂
出席委員　張繼　閻錫山　李煜瀛　白崇禧　李宗侗
　　　　　商震　劉鎮華
張委員繼　主席
秘 書 長　王用賓
記　　錄　李銘

主席恭讀遺囑，宣告開議。

秘書長王用賓報告第二十四次常會議事錄（無異議）。

報告事項

（一）滄縣商民賈錦章張鳳山呈為吳禹平派員違法徵稅請咨部依法處治並轉令到案退還稅票案

決議：令河北省政府與前決議吳禹平呈控滄縣知事濫用職權一案，併案查復。

（二）平綏路南口火車房工眾代表李毓桐〔相〕呈為工會委員王興等侵吞公款私擅法權請澈底查辦案

決議：函平津衛戍總司令部查明核辦。

（三）滄縣城關商民代表杜蘭江尹香輪呈為劣紳李志侗把持縣政侵吞公款請令河北省政府澈查案

（四）滄縣民眾代表孫斆山等代電為教育局長李志侗蹂躪地方電達乞援案

決議：兩案併交河北省政府查覆。

（五）富英等呈為再伸前請懇電中央派周震麟為全國清理旗產督辦案

（六）馬恭勛等呈為再陳下情請迅電國府派員督辦旗產案

決議：均交金璧東案審查會一併審查。

（七）中央政治會議來電影印道咸同光四代夷務始末一書經第一六五次會議議決事屬可行由分會就近籌辦電復查照案

決議：推李委員宗侗商促故宮博物院承辦。

（八）保定省立第二師範教員李廉鏜呈請函催河北省政府請還欠薪案

決議：交河北省政府轉飭教育廳核辦。

（九）河南清理鹽款總代表劉積學呈請將鹽觔加價提歸公用並希派員偕往天津澈查案

決議：推劉委員鎮華查明事實再行核辦。

（十）北平北海圖書館館長袁同禮呈為領用官地懇轉請軍政部飭查原照轉發案

決議：俟查明後再辦。

討論事項

（一）周震麟函為清理長蘆鹽款鉅案請予決議轉呈中央派員督理以專責成案（主席提出）

決議：毋庸呈請中央派員督理，即由前決議，由本會指派委員會同河北省政府組織之清查委員會辦理。

（二）天津特別市全體商民電達反日會檢查各商店暴動情形請迅予制止以保商民生命財產案（主席提出）

決議：令天津特別市政府迅速查明具復。

附錄原件

周震麟函——為清理鹽款鉅案請決議轉呈中央派員督理

逕啟者。溯查吾國鹽務為天然之生產，而各省區鹽稅之收入實為國家一大財源。曩以國用空虛，外債纍纍，稅入作為抵押予外人以稽核之權，致貽干預鹽務行政之實，以故中央當局有取消稽核備還借款之擬議，藉挽利權，誠為允當，而各省區地方附加等款雖係取諸人民，然與國家正稅性質迥殊，凡有侵蝕，允宜澈追。比聞長蘆鹽觔各項附加，純由通綱商人隨引帶徵，歷屆綱總累世把持，其中弊竇指不勝屈，而鹽務當局瞻顧因循，終未澈究，良深嘆惜。際此黨國重光，大凡蹈有貪污侵蝕者，均應予以制裁，如長蘆前綱總李寶詩等，與前津浦鐵路四省公司督辦李士鉁，即李嗣香，本係近支叔姪，緣自前清宣統二年春分任經收經管津浦贖路四文加價一款之責，閱時十九稔，從未澈底清釐。其間雖經官廳之移借及李景林、褚玉璞兩次飭繳各款，數僅三百萬元上下，而究其實，在經收加價正款本利併計為數當在壹千萬元有奇。又如洛潼鐵路二文加價一案，事實雖屬有間，性質本無二致。自清季以迄民十，迭由豫省代表省議員前來河北找向長蘆綱總清算帳目，而該商設計規避虛與委蛇，得遂其積年侵占之私，實與津浦加價情形相伯仲，核其侵蝕為數亦在八百萬元左右。以上兩大鉅案之款除由官廳借用及飭繳不計外，其實在侵占數以最低限度計之，尚在一千五百萬元以上，悉為人民輸納之脂膏，乃被劣紳綱商朋吞侵占，因而擁為鉅富，良由軍閥巨蠹，有以釀成之誠，無怪河北、河南兩省民眾積憤莫遏，志切查追，若不澈底清理，認真根究，實不足以儆貪污而保公帑。至該兩案文卷帳冊紊亂失稽核，已屬難周，加以事久年湮，隱弊又復百出，縱令諳熟鹽務之員辦理，猶慮非常棘手，如僅憑調查諮詢作為依據，更屬真相莫明。竊幸關於上述各案之承辦主要人員近在平津，深知其中癥結，將來著手清理必能據實指陳，和盤托出，收效之宏，集款之鉅，可操左券。至蘆商兼辦公運應繳之餘利，及其他隱匿連帶之案件尚屬不少，容當分別查追，期臻澈底之功，俾免枉縱。所有上述加價各款，關係河北、河南等省人民之膏血，將來清理繳追時，所有收入之款應由中央與地方酌量支配，撥充辦理國家及地方事業之用，以示大公。惟茲事體大，任重案鉅，似應呈明中央特派公正大員設立專處督理其事，以專責成，並由貴會及河北省政府協同辦理，事關清理鹽款鉅案，相應函請貴會查照決議，轉呈中央政府鑒核令行照准，望切施行。此致。

天津特別市全體商民——電達反日會檢查各商店暴動情形

北平政治分會、河北省政府、省黨部、平津衛戍司令部鈞鑒。自反日會成立後，商等即發出宣言堅決抵制劣貨，對日經濟絕交，第一步電止購貨及撤莊回國，既已見諸事實，商界愛國之心當不較各界為薄弱，乃方在積極抵制工作並與黨部接洽磋商之中。而反日會突於十一月二十六日派出多隊人員，把住街路，斷絕交通，闖入商店，剪斷話線，閉店員於一室，強迫搜查貨品，無論是否劣貨，完全用汽車搶載以去，同時並綁架商人私行刑訊。眾商驚恐萬分，盡行閉門，一時演成罷市景況，秩序紊亂，市面恐慌。其行為實越出反日軌道以外，與去年南方共黨暴動情形殆無以異。不意帝制軍閥之後，又遭此荼毒。反日會與商人何仇，一至於此。查反日會原受黨部指導，而商民應參行政軍警當局之保護，奈何竟任此惡劇之發現，既不敢防患於未然之先，復不敢禁暴於已然之後。青天白日，強盜公行，摧殘民權，擾亂治安，誰負其責，誰任其咎。保障商民生命財產者為誰，真正解除民眾痛苦者為誰，主張公道者為誰。商等待死之餘佇望教誨，不勝惶悚，待命之至。

第二十六次常會

日　　期　民國十七年十二月七日（星期五）
　　　　　上午九時
地　　點　懷仁堂
出席委員　張繼　李煜瀛　白崇禧　李宗侗　商震
　　　　　方振武　何其鞏
張委員繼　主席
秘 書 長　王用賓
記　　錄　李銘

主席恭讀遺囑，宣告開議。

秘書長王用賓報告第二十五次常會議事錄暨十二月一日臨時會議事錄（無異議）。

秘書長王用賓報告本分會第二次常會議事錄，曾經議決因處理事務之必要得設置各種專門委員會，先由秘書處擬定辦法，送交原起草委員覆核後提出討論，嗣因本分會延會多次，未克提出，茲將秘書處擬定專門委員會組織大綱草案，提請討論公決。

決議：指定白委員何委員會同原起草委員李委員宗侗先行審核，再行提出公決。

報告事項

（一）北平特別市何市長呈為奉令呈報市區劃界自當隨注意

決議：緩議。俟河北省政府將省市劃界意見呈復後，再行併案討論。

（二）河北省政府商主席呈為覆陳以省款協助市政府警工各費一節未能遵辦情形案

決議：交由省、市兩政府自行商定協助辦法，再行由會決定。

（三）煤商代表大德通煤棧等呈為大陸銀行壟斷河北房山縣高線鐵路懇派員清查並改為官商合辦以救煤荒案

（四）高線公司債權銀行團呈高線公司歸債權銀行團接管辦法公允請鑒核施行案

（五）高線鐵路股分有限公司王藥生呈詳陳委託銀行團墊款情形請駁斥王維翰原呈以伸公論案

決議：維持財政部鹽務署決定，原案歸債權銀行團接管，藉免糾紛。

（六）口北十縣旅平公民李琳等呈請俯順輿情請暫緩交割口北十縣案

（七）河北省口北十縣民眾李琳等請願謹將口北十縣不可劃歸察省之理由再行陳訴並請先飭察河兩省政府停止交割案

決議：交李委員宗侗、商委員震、方委員振武併案審查。

（八）鐵道部孫部長陷電電達派員籌備迎櫬並請修路案

決議：交北平特別市政府整修西郊迎櫬大路，另電孫部長轉葬事籌備處，請援例在華僑捐款內墊付修築大路及辦理關於在碧雲寺紀念總理各事經費五十萬元以資應用。

（九）河北省東北十縣公民蔣式瑆等代電請賑濟十縣災民案

決議：交河北省政府妥籌賑濟，並函請華洋義賑會協助賑濟。

（十）天津反日會電達檢查日貨情形案

決議：存案備查。

（十一）天津市政府電達檢查日貨一事已略和平解決案

決議：存案備查。

（十二）國府文官處電通知最近公布之政情九則案

決議：存案。

（十三）長蘆通綱全體商人電關於綱總郭春麟等逮捕案電乞俯順商情依法澈查公示民眾案

決議：查照前齊振林等呈請澈查李士鈞侵吞津浦鐵路鹽觔加價積款一案，決定組織清查委員會澈查之，辦法函覆。

（十四）北平市政府呈報各區警士維護接收北大委員情形請鑒核案

決議：存案備查。

（十五）北平特別市市長何其鞏呈遵令查拿並防範肇事

學生呈復鑒核案

決議：交何市長仍遵前令迅速辦理。

（十六）國府文官處電關於北大學生請願舉動情形應由分會依法辦理希查照案

決議：現已飭令各軍警機關依法辦理，奉電自應轉飭遵照迅速辦理並電復。

（十七）平綏鐵路借款存戶代表劉式訓等呈平綏路局停付借款本息請飭速籌辦法遵照部令付給以重債權案

決議：交平綏鐵路局遵照部令妥籌，辦法具覆候核。

（十八）國府文官處函交北平總商會證明誤會電一件請查明見復案

決議：何市長報告是日並無打倒市黨部口號，不過總商會組織腐敗，實有改組必要，據此電復中央。

（十九）吉林省延邊農工商學聯合會東電為反抗日人在延邊行動請一致援助案

決議：轉呈中央請轉行政院飭主管部嚴行抗議。

（二十）北平市政府代電為北平警備司令部政訓部主任對於工商會肆意參越應如何辦理之處乞核奪示遵案

決議：函交平津衛戍總司令部查禁。

（二十一）李季新等呈請出示曉諭北平當商利息不得超過年利百分之二十案

（二十二）夏子颺乞嚴加取締北平當商重利案

決議：一併交北平市政府查明辦理具覆。

（二十三）河北省永清縣公民馬文林等呈為清理旗產手續不合請指導辦法俾有遵循案

決議：交金璧東案審查會一併審查。

（二十四）劉委員鎮華呈復劉積學等請派員澈查鹽觔加價一案已派員切實調查俟查明具報案

決議：存案備查。

（二十五）北平菜業總會呈為包商奪業壟斷數萬民眾生活籲懇救濟案

決議：交北平市政府查明辦理具覆。

（二十六）河北省新城縣劉劉氏呈為劣紳張潤青恃強誣控伊夫省政府處分不公懇轉飭依法交法院審判案

決議：交河北省政府查明辦理。

（二十七）正定縣各寺僧代表蔭圃呈請飭縣釋放寺僧並回復廟產案

決議：交河北省政府查明辦理。

（二十八）北平總商會呈為商民協會總工會等處處與本會為難乞明令責成地方當局保護案

決議：准予責成地方當局妥為保護，並囑該總商會應在市政府監督之下速行改組委員制，以免貽人口實。

（二十九）中央政治會議微電已議決任何其鞏為北平分會委員除函中央執行委員會外電復查照案

決議：本日何委員已同方委員到會宣誓就職，由會呈覆中央。

臨時動議

李委員煜瀛提議請求設立北平革命紀念區籌備委員會案

決議：推定李委員煜瀛先行起草委員會組織章程，再行決定。

討論事項

（一）古物保管委員會北平分會函送組織條例及本年預算表請指定經常費按月撥給案（主席提出）

決議：交省、市兩政府會同古物保管委員會北平分會妥商該分會經費如何籌撥，辦法具覆。

（二）擬請中央廣設儲材館以蒐羅全國專門人才案（主席提出）

決議：推張主席、李委員、李委員宗侗擬定具體辦法，再行轉呈中央。

李委員煜瀛提議由河北省政府北平特別市政府會同古物保管委員會北平分會詳擬古蹟文物廟宇保護方法通令辦理案（眾無異議）

附錄原件

張主席提議——廣設儲材館以搜羅全國專門人才案

為提議事，國家養士求其致用，賢者在位，能者在職，百工得所，庶政攸興。方今訓政開始，百廢待舉，凡有關於建設者，無論何項人材都應羅致，庶幾位無虛置，野無棄材。比來青年學士歸自海外者，日見其眾，誠能因材而器用之，自不難於最短期間但成社會之建設。顧環察國內各處失業人員中，多有學術優異之士，因其所學屬專門技術，政府無相當位置為之收容，往往所用非其所學，甚有投閒置散，欲謀一飽而不可得者。政府因經濟之困難，固未能一一錄用，然使長此廢棄，不獨為社會惜人材，且恐徘徊歧路將有挺而走險。蓋士無恆產，未可責其皆有恆心也。救濟之道，分積極、消極兩種。積極救濟，應德全力於社會之建設，凡有一技之長皆得竭力而致用，惟茲事體大，且非短促時間可以完成，今且先為消極之救濟，由政府指撥經費於國內各都會，分立儲材館，無論東西洋留學生、國內各大學畢業生，倘有特別技能，經一度嚴密之審查合格者，皆予儲錄，且為之介紹於各政府，分發各處儘先錄用，其未經分發者，仍留儲才材館中，每月酌定津貼費若干，以維持其生活總之最抵限度，亦毋使學者有窮途之歎。此事倘見實行，靡獨身受者得所勉力，即今未畢業之學生亦皆有所激勵，不致以環境之困厄而灰其苦學之初心。

繼廁身委員，心懷國是，以為賢路之通塞，實關國本之安危，用特提議轉請中央政治會議採擇施行。是否有當，敬請公決。

第二十七常會

日　　期　民國十七年十二月十一日（星期二）
　　　　　上午九時
地　　點　懷仁堂
出席委員　張繼　李煜瀛　白崇禧　李宗侗　何其鞏
張委員繼　主席
秘 書 長　王用賓
記　　錄　李銘

主席恭讀遺囑，宣告開議。

秘書長王用賓報告第二十六次常會議事錄，除於專門委員會組織大綱下加「草案」兩字，餘無異議。

報告事項

（一）前農商部技士胡哲如等呈井陘煤礦盈餘不應劃歸中央請力予維護案

決議：該礦盈餘應作為北平區文化事業基金，由會函農礦部商請妥議決定。

（二）馬恭勛等說帖謹將官產營產旗產之名稱及隸屬分別清晰聊供採擇案

決議：交金璧東案審查會一併審查。

（三）趙允協呈請轉知內政部令各省編製民國戰事統計以備參考案

決議：照轉內政部。

（四）孔教總會呈請轉呈中央飭令全國學校一律添習經學以正人心而存國脈案

決議：存案。

（五）天津特別市長崔廷獻呈為編制街村推選街閭鄰長謹將辦理情形請核示遵行案

決議：交付審查。

（六）國府文官處電江電內「電貴會查辦」之電字係函字之誤電復查照案

決議：存案。

（七）安國縣各機關各法團呈為清理牙紀局病商害民請命河北省政府即予取銷案

決議：交河北省政府查明取銷。

（八）河北省盧撫遷昌臨五縣代表康偉之等函懇痛念民艱尅日飭奉撤兵案

決議：照轉中央。

（九）河北省永清縣公民姚翼唐呈河北省政府對於平南各縣治匪辦法擱置不批請提議決定明白批示案

決議：函河北剿匪總司令部查照辦理。

（十）國府文官處齊電電達中央最情近政情摘要五則案

決議：存案。

（十一）平津衛戍總司令部函復對於前北大少數學生盤踞校舍事已飭軍警妥為保護案

決議：來函不甚明瞭，再請明白敘覆。

（十二）大學院古物保管委員會北平分會函陳禁止軍隊

砍伐樹木經過情形並請設法保護案

決議：分函國民革命軍總司令部駐平行營及平津衛戍總司令部，請轉飭所屬軍隊，凡佔據古蹟名勝地方，一律迅速移出，並嚴禁傷害公共物，以肅軍紀。

（十三）河北公民清理津浦鹽觔加價積款會呈送會章及會員名冊請予備案案

決議：准予備案。

（十四）國府文官處公函抄交北平大學及北平學生會原電請併案查復案

決議： 應速查明電復國府。

（十五）熱河旅平同鄉會呈為熱民望救甚殷懇轉請國府從速解決案

決議：轉呈中央迅籌解決方法。

秘書長王用賓報告劉委員鎮華來函關於劉積學等呈請澈查洛潼路款鹽觔加價一案請與津浦加價併案由本會於河北河南兩省選擇聲望素著大員澈底清查秉公處理以昭核實

決議：照齊振林呈請澈查津浦鹽觔加價案，由主席指定委員數人，會同河南省政府組織清查委員會澈查。

臨時動議

張主席李委員煜瀛提議請核減河北省一切雜捐雜稅在實行核減之前令河北省北平市天津市各政府將以前及現在所有各項雜捐雜稅詳數及比較數分別列表並限於公文遞到之日一星期內呈報以憑核辦案

決議：分交河北省政府、北平、天津兩市政府照辦。

王秘書長用賓建議請中央慎重外交勿輕予批准比義新約案

決議：由會先將該案內容節略電呈中央，再備文送呈全案以備採擇。

附錄原件

前農商部技士胡哲如等呈——井陘煤礦盈餘不應劃歸中央請力予保護案

呈為，井陘煤礦為河北省有公產，懇請鈞會力予維護，以維民生事業。竊維河北一省人口眾多，出產有限，近十餘年來天災兵禍，民不聊生，上而政府，下而地方，所賴以維持生活者厥維礦業，而礦業之中尤以井陘煤礦為唯一富源。查井陘煤礦原屬省有之產業，久為國人所習知。前清光緒末年德人漢納根強行佔據，時省政府不能依法收歸省有，乃與訂定合辦會同，名為股本各占半數，其實該礦全權皆操於外人之手。嗣經歐戰德人去職，該礦本可完全收回自辦，乃省政府不能趁機而作決斷收回，以至民國十年中德恢復邦交，竟便媚外成性之徐世綱與德商簽訂違法喪權之新合同，一誤再誤，深堪痛恨。值茲政局刷新，民生揭櫫，井陘煤礦既為河北人民之公產，自應完全省有，以利地方，不負先總理主張實業救國之意。近聞戰委會所派之副局長諶湛溪為保持祿位計，竟異想天開向農礦部建議，擬以井礦每年盈餘四分之一劃歸中央，惡耗傳來，群眾駭異，哲如等桑梓攸關，難甘緘默，爰將不應劃歸中央之理由約略陳述。按建國大綱第十一條內載，礦產水力之利皆為地方政府之所有，而用以經營地方人民之事業。井礦原為地方之公產，應完全省有毫無疑議，且為已成之局，既無須重籍外資，又不必中央協助，此不應劃歸中央者，一也。河北戰禍連年，民貧財盡，政治之方，舍此井礦之盈餘，他無可挹注之地，倘被巧官者奪諸地方資以獻媚，則我河北一切建設恐將無所措手，此不應劃歸中央者，二也。軍事告終，訓政開始，民生問題首推實業，中央農礦部綜握全國實業之樞紐，對於各地農礦業之宜興宜革，其大體計劃當早有成竹在胸。井礦雖經辦多年，規模粗具，然近年因受戰事影響，已岌岌不克維持，於此未聞改進之方，先取竭澤之利。農礦部雖財政艱難，當不致弗顧地方至於如此，此不應劃歸中央者，三也。持劃歸之說者，其立論無非以河北所得該礦四分之三，係根諸德國賠款賠款為中央所有，不應歸諸地方，殊不知當時加入歐戰各省均有負擔，及新約告成，若置地方損失於不顧，毋乃失情理之平。況當締約之時，正值軍閥專政，雖多方羅掘無微不入，而對於新約所得四分之一，猶能顧念地方，不事爭執，今何於三民主義積極進行之日，反向地方爭此區區微利，更覺不近情理，此不應劃歸中央者，四也。總據以上四端，勿論按何方著想，農礦部無向地方爭此四分之一之理由，我河北當此財政奇窘達於極點，倘該副局長果有斷送井礦利益之行為，懇祈鈞會嚴詞拒絕，並將諶某立予罷免，以杜後患而安人心。不勝感激，待命之至。除呈請河北省政府外，謹呈。

秘書長王用賓建議請中央慎重外交勿輕予批准比義新約案

此次國民革命軍之北伐有一最重要口號曰打倒帝國主義，誠以我國在政治上、經濟上受種種不平等條約之壓迫，皆帝國主義為之也。打倒云者，即總理遺囑中所謂不平等條約之廢除也。邇者，外交當局從事廢約運動，就關於關稅協定之簽訂者，已有中美、中德、中挪各約，而中比、中義新約又次第簽訂，其範圍較其他協定為廣，因之其利害得失影響所及亦較重大。吾人乃不敢不為細心之考察。

一、土地財產權。按因比、義兩國放棄治外法權，我國開放內地使可以遊歷、居住、經商足矣，何以並承認其在內地有土地財產權。如以比、義各國准許外人有土地財產權，我亦本互惠原則從而許之，殊不知各國國情不同，萬難概論。試問我國地大物博，誰去義、比購地置產，所謂互惠實是單惠。且俄於蒙、英於藏，無不抱蠶食疆土之志，而日於滿州數十年處心積慮，即在取得開礦、造路、購地之權，以實行其土地侵略也。若從比、義新約開其端，則各國援例而求以作放棄治外法權之交換物，豈非自啟瓜分國十之漸哉。昔日本改正條約之初，英人亦要求土地財產權，大限外長已允，國民大憤，謀刺殺之，其事遂寢。此良好先例，我不可不引為戒也。

二、撤消治外法權之附帶條件。按在一九三〇年前我國尚未將對於比、義人民行使法權之詳細辦法訂定時，比約則須俟有治外□□□□□□□以上放棄此權，比亦放棄。向在我國享治外法權者十六國，除參列華府會議八國外，尚有巴西、丹麥、祕魯、瑞典、挪威、瑞士、西班牙、墨西哥諸國，其放棄也不應甚難。故比約之附帶條件，尚非過苛。惟義約則規定參列華府會議之各國均放棄時，義始放棄，除義而外，參列華會者尚有英、法、日、美等七國，皆對治外法權不肯一時輕棄。有一國未放棄而義亦不放棄，是直以附帶條件打消治外法權之原則也。

三、最惠國待遇。按比、義新約均根據完全平等之原則承認關稅自主，但附有條件，即兩方均依照最惠國條款彼此所享受之待遇，不次於任何他國享受之待遇也。有此規定，則所謂關稅自主者，非俟各國條約一致依平等原則改訂而後全無效力，何則有一國未改訂，他國皆得要求最惠之待遇也。我國舊日外交往往割一口岸、喪一礦山，連帶即失數口岸、數礦山，正誤於最惠國待遇。夫一國國力尚未至與列強足以抗衡之日，外交上恆不免有遷就處，貿然以最惠國待遇授人以柄，是自殺之道也，外交當局何竟疏忽至是。

四、互惠原則。按互惠原則即彼此完全以平等原則而訂約也。舊約本未明言依據不平等原則而訂，其結果乃不平等。新約明言依據平等原則而訂，其結果真平等乎。蓋條約之平等與否，在實際結果如何，而不在條文表面，故廢除不平等條約之正解，即凡一條約施行結果有損我國而有益他國者，皆當廢除之。譬如各國輪船暢行我國沿海及內河，各國銀行遍設我國通商口岸且濫發紙幣甚多，若與各國訂航運業、銀行業彼此平等之條約，其結果如何。又如美國之煤油、麥粉，日本之棉紗、糖類暢銷我國，若與日、美訂彼此徵收此類貨物入口稅之不平等條約，其結果又如何。可以斷言，國貨永遠為外貨徵服，而再無振興之望。故在我經濟落後之國家，欲急起直追，非師德人當日用之有效之關稅保護政策不可也。惟此政策向為工業國所憎惡，去年國際聯盟所召集之經濟會議，即力主張國際貿易自由主義也，何為國際貿易自由打破保護政策之障壁，依據互惠原則有訂立關稅之協定即是也。是故，今日得不到關稅完全自主權而運用保護政策之自由，空談平等原則，則廢除者舊不平等條約，而締結者即新不平等條約，中比、中義新約殆即此類。

根據上述理論，廢約外交之新失敗已無能為諱。目前補救之策，惟有訴諸最後決定之批准權，應請中央政府在義約中「須俟參加華府各國放棄治外法權」之條件未刪除，及比、義兩約中「土地財產權」、「最惠國待遇」之規定未刪除，並其他依互惠原則成立之各規定未分別修正以前，萬勿輕予批准，以保國權而慰眾情。是否有當，請轉呈中央鑒核施行。

第二十八次常會

日　　期　民國十七年十二月十四日（星期五）
　　　　　上午九時
地　　點　懷仁堂
出席委員　張繼　李煜瀛　白崇禧　商震　何其鞏
張委員繼　主席
秘 書 長　王用賓
記　　錄　李銘

主席恭讀遺囑，宣告開議。

秘書長王用賓報告第二十七次常會議事錄（無異議）。

報告事項

（一）天興煤礦總理馬德剛等呈為改良井陘煤礦工程並請轉令省政府罷免礦長案

決議：交河北省政府飭主管廳查辦。

（二）中央執行委員會民眾訓練委員會函據北平市民訓會呈稱總商會反動情形頗為嚴重請查明核辦並將調查及辦理情形見覆案

決議：查照前次關於總商會證明誤會決議案，並將查明辦理情形函覆。

（三）青海二十九旗代表雅楞丕勒呈為蒙邊民智未開擬於西寧及本旗地方創辦學校設立黨部以期闡揚三

民主義請轉呈准予立案並請飭下青海省政維持輔助案

決議：轉呈中央政治會議核行。

（四）長蘆通綱全體商人電關於蘆綱總案將解京審判電請維持原議免予解京案

決議：查此案本屬地方款項之爭，所有卷宗多在平津，且本分會已分別組織清查委員會澈查在案，應以毋庸解京電陳中央。

（五）北平特別市國醫公會呈轉請飭准予修正考試中醫規則以維學術案

決議：交北平市政府查核辦理具復。

（六）北平菜業總會請願為劉壽權壟斷菜業雖已呈請查禁惟所奉批示互有推諉請迅以確切辦法交市政府認真辦理案

決議：交北平市政府與前案一併核辦迅復。

（七）李寶詩（即李贊臣）呈為無辜被押特將鹽觔加價案經過情形詳陳附呈收支款數清摺懇轉呈中央政府依法審查以免拖累案

決議：毋庸轉呈中央，即交清查委員會參考。

（八）河北公民清理鹽觔加價積款會呈為李士鈐侵吞積款請轉令扣押其私置財產以免變賣並電請國府將李贊臣暫緩解京案

決議：分交河北省政府及平、津兩市政府，在此案未經辦結以前，所有李士鈐私置財產不得有變賣情事，至暫緩解京一層，已另案辦理。

（九）北平市黨務指導委員函為北平共匪近來活動猶力不宜輕忽請設法嚴防偵捕以杜隱患案

決議：函復該會囑於指導民眾運動時，尤應嚴防，並分交河北省政府、平津兩市政府查照，嚴為防範。

（十）饒陽縣農民協會籌備會等呈縣長馮鳴鶚違法殃民列舉劣跡九端請撤差嚴懲案

決議：存案。

（十一）冀縣公民王世庠呈懇飭河北剿匪總司令部肅清匪患查其父之下落案

決議：轉河北剿匪總司令部核辦。

（十二）北平市政府何市長呈遵令造送各局八九十等月份重要工作報告至單行法令規則俟彙齊再送案

決議：存案備查。

（十三）河北省政府商主席呈為北平毯行商會請恢復釐金原率一案據財政廳呈復事關通案礙難照辦請鑒核案

決議：轉該毯行商會知照。

（十四）吳橋縣各界代表梁純仁等呈為兵災凶年之後十二軍復移防來吳實苦無力給養懇籌軍民兩全之法案

決議：轉送國民革命軍總司令部核辦。

（十五）天津特別市市長崔廷獻呈反日會與各商業經和平解決呈復鑒核案

決議：存案。

（十六）李儀祉函為河北建設廳阻撓勘河工作請提出大會公決迅令河北省熱河省及北平天津各政府轉飭所屬對於工作人員一體保護以利進行案

決議：案關華北水利委員會與河北建設廳爭議，應交河北省政府會同建設委員會北平分會妥商辦理。

（十七）胡哲如等清摺詳陳開灤煤礦歷史及現在出煤狀況請設法收回礦權案

決議：轉農礦部妥籌收回辦法。

（十八）平綏路南口火車房工眾代表李毓桐等呈為工會委員王興等散布傳單有玷貴會名譽請盡法懲治案

決議：俟三路調查工人狀況報告到齊，一併辦理。

臨時動議

李委員煜瀛提議河北省政府委員現因調動遺有缺額擬請將河北農礦廳長蕭瑜加入委員之內以補遺額案

決議：由會電呈中央政治會議核行。

附錄原件

長蘆通綱全體商人電——關於盧綱總案將解京審判請電維持原議免予解京案

北平政治分會鈞鑒。長蘆綱總案前奉河北省政府江電敬悉鈞會議決，由中央委員、河北省政府、天津市政府三方面會同清查等因，遵即靖候，乃今見報載吳委員忠信分函傅司令、馮運使謂奉財政部電令將全案解京審判等因，查此電顯與鈞會議案抵觸，且人卷事實均在天津，實無解京審判之必要，而各綱總半屬年老多病，長途跋涉尤所不堪，為此電請維持原議，免予解京，並函吳委員查照。事機迫切，佇候令遵。

胡哲如等摺陳——開灤煤礦歷史及現在出煤狀況請設法回收礦權

謹將開灤煤礦之歷史及現在狀況詳為條陳，恭請鈞鑒。竊以文明日進，交通發達，振興工業，煤為主品，我省煤礦素豐，開發較早，殆天然之巨利，乃庸愚誤國，竟以全年五百萬噸產額二千萬元純利之開灤煤礦拱手讓於外人，殊堪浩歎。查開灤煤礦原係開平、灤州合併，開平自有明已經私人開採，清光緒二年直督李鴻章聘西洋礦師馬利西調查，滋縣豐潤，礦產甚佳。四年設立開平礦務局，資本二百四十萬元，先從唐山著手，繼復疏運河、修鐵路以資運輸，旋又開林西之礦，延長鐵路。二十六年拳匪作亂，聯軍入京，英軍駐山海關以南，煤礦鐵路被英佔守，礦路督辦張翼應付無方，於是年十二月假向香港英政府登記，欲倚外助保全礦產，英人遂啟覬覦，藉詞保護，勾串比人投資一百萬磅，改原設礦務局為開平煤礦公司，英人遂得染指。及拳匪平復，該公司中國股東群起反對，經順直諮議局調查，呈請北洋大臣袁世凱彈劾張翼私賣礦產，張翼遂革職而礦產仍未收復。三十年張翼為英人所欺，赴英倫控訴，結果允收回礦產，惟英人要求賠償保護費二百四十萬磅，我允一百七十五萬磅，英人卒堅索一百八十萬磅，相持不決，事遂打銷。其後英人改組開平礦務公司，擴充鐵道二十五方英里以外，華人以礦區太廣，顯違礦例為詞控於英庭，英人敗訴，然彼仍想得大利。三十四年袁世凱、周學熙等以開平為英人把持壟斷，爰集資二百萬兩開辦灤礦以為抵抗，灤州礦區為唐山東北十五里之馬家溝，旋買趙各莊、印子溝、狼子溝、陳家林、石佛寺、白道等處區域，較開平尤廣，聘德人奈門為礦師，開採至宣統二年，已日出煤一千二百噸。據奈門言，從此進行無阻，可日出煤一萬噸以上，誠巨利也。迨前清末年，復挪資為永平秋操建築費，灤礦頓見虧空，加以歷年與開平競爭，放價發賣跌至三元一噸，損失甚鉅，開平亦受影響，而灤礦頓形不支。於是為彌補計，不惜曲就範圍，乃有開灤合併之舉。查兩礦未合併前，開平曾開採數十年，礦產無多，迨合併後，營業驟見發達，合併之利可以概見。查合併契約成立於民國二年六月二十一日，其內容開、灤兩礦雙方保存獨立性質，各出資一百萬磅，開平仍係原資，灤州由英借一百一十萬磅，年息六厘，按年攤還二萬四千磅，純利年約三十萬以內，開平股東分派百分之四十純利，超過三十萬。經理人由雙方選出理事三人，灤州雖設督辦，不過徒擁虛名而已，實權仍操於開礦方面英人掌握中，各項重要之職員均由英人充當。惟合併期限原約規定自訂約之期日起至十二年六月滿之後，准將開灤煤礦完全收回，今逾期五年，契約久應解除，因在軍閥時代另有內幕，遂令外人仍復繼續前約，坐失巨大利權，殊為可惜。據本年調查開灤煤礦近狀，唐山每日出煤一千五百噸，馬家溝每日出煤二千噸，趙各莊每日出煤四千噸，唐家莊每日出煤二千噸，林西每日出煤四千噸，共計五井，每日出煤一萬三千五百噸，以全年計約共出煤五百萬噸，每噸平均市價七元，除去工資經費四元外，可得純利三元，照全年五百萬噸計算，每年可得純利一千五百萬元。十一年礦務局議事會核減每噸經費只需三元，則每噸純利已有四元，一年可增純利五百萬元，總共全年純利可達二千萬元以上。如此鉅額，以一年絕利可以抵兩礦資本半年之純利，可以償還外資，事關國家利權，機不可失，設法解除前約收回礦權，實為當務之急。現時河北工商事業急待開創，得此鉅款則何事不可辦。鈞會注意建設，用將開灤礦務情形具實直陳，謹希採擇。

第二十九次常會

日　　　期　民國十七年十二月十八日（星期二）
　　　　　　上午九時
地　　　點　懷仁堂
出 席 委 員　張繼　李煜瀛　白崇禧　商震　何其鞏
張 委 員 繼　主席
秘　書　長　王用賓
記　　　錄　李銘

主席恭讀遺囑，宣告開議。

秘書長王用賓報告第二十八次常會議事錄（無異議）。

秘書長王用賓報告銀行公會鑒於前次金融突起恐慌情事為預防未來起見函請轉請財政部借撥現款以資救濟而維市面。

決議：照轉財政部務請撥款救濟。

報告事項

（一）故宮博物院接收委員函陳接管清室財產困難情形請察閱維護案

決議：交該院會同河北省兼熱河官產總處、北平特別市官產局及清室善後委員會妥商辦法，送會核辦。

（二）河北省公民欒汝霖等呈陳創保衛社計畫並附呈組

織草案乞鑒核轉令採擇施行案

決議：交河北省政府查核施行。

（三）國府鐵道部文電本會蒸電已代轉葬事籌備委員會查照案

決議：由會據此再電催葬事籌備委員會迅速查照前電，撥款備用。

（四）北平電車公司常駐董事蔡繼倫等函為奉財政部真電改派官股新董事與公司向例不合請轉呈國府飭部收回真電以明權限案

決議：即轉請國府飭財政部查照向例，勿庸由部另派董事，惟現任董事以兼他差往往不到公司，殊有未合，應交市政府擬具妥善辦法再為核定。

（五）北平車業公會呈請取消汽車馬車加一捐等以恤商艱案

決議：交市政府查核辦理具覆。

（六）財政部鹽電為平市金融影響情形亟應維持請飭所屬嚴辦造謠生事之徒以維市面案

決議：電覆已轉飭查照辦理。

（七）平津衛戍總司令部軍事處函第三零三二號覆函內「飭軍警妥為保護」之保護二字係辦理二字之誤請代更正案

決議：存案。

（八）國府文官處寒電電達中央最近政情摘要案

決議：存案。

（九）馮玉祥刪電豫陝甘災情奇重請廣募賑款救濟捐冊託余會員送上案

決議：俟捐冊到再辦，先行電覆馮副院長。

（十）北平何市長呈復辦理北大案經過情形並附送肇事學生名單案

決議：交北平地方法院查照，依法辦理。

（十一）河北省政府呈復清理津浦路鹽觔加價積款案議決派楊毓珹等為清查委員會委員除分函外乞鑒核案

決議：據呈轉交本會派定各委員，迅速會同組織清委會澈查。

（十二）曾祺呈關於東陵盜案詳陳見聞事實請提交大會公決派隊拿獲正犯案

決議：交高等軍法會審查核辦理。

附錄原件

河北省公民欒汝霖等呈——陳創設保衛社計畫並附呈組織草案乞鑒核轉令採擇施行

呈為敬陳保衛社計畫管見，懇乞鑒核轉令採擇施行，以弭匪患而保治安事。竊維吾省近年以來盜匪充斥，焚殺淫掠，民困倒懸，頃聞我省政府有舉辦地方保衛團暨地方清鄉案之提議，足見關心民瘼，至深欽感。惟民等本諸經驗，按之事實，以為近年以來民團之設不止一次，每行一次，而盜匪之滋擾如故，較前或加甚焉，迨至釀成大患，派兵剿除，無論此剿彼竄，勢難遍地設防，即或一時肅清，人民之受創已巨，剿防稍懈，仍復為其害。推其致此之由，良以民團向由官府代辦，政務殷繁，不暇兼顧，上無專司指揮訓練之機關，下而各縣虛應故事奉行不力，馴至始勤終懈，視若具文。加以團丁向係募集流氓匪類混迹其間，既無道德思想又無保衛能力，平時則欺凌懦弱，遇匪則奔避不遑，甚至勾匪、通匪，貽害地方，長此不圖，不惟有損民生，抑且有傷國體。伏讀先總理建國大綱，以全縣之警衛辦理妥善為實行自治之重要條件。現值革命成功，訓政開始，對於警衛正宜成立機關俾負專責，限制徵募，加以訓練，庶幾進可防匪，退為良民。民等以桑梓利害所關，不揣淺漏，本上宗旨，擬具辦法數條，理合繕摺，呈請鈞會察核，准予令行省政府採擇實施行，實為公便。至於省民團局長人選，如有精通軍事，聲名卓著，年力強富之員，並請鈞會妥選，令行省政府聘用，猶深切盼。謹呈（組織草案從略）。

財政部鹽電——為平市金融影響情形亟應維持請飭所屬嚴辦造謠生事之徒以維持市面

北平政治分會、平津衛戍總司令部、北平市政府鈞鑒。國家建設首在金融，金融機關，無論大小，本部均有維護之責。近據本部駐平辦事處電稱，平市最近金融影響情形，亟應力予維持。除另電北平銀行公會團結經濟，協力互助，本部為顧全金融大局起見，亦無不盡力援助，電達查照外，應請貴處迅飭所屬，如有造謠生事之徒，乘機思逞，即應從嚴究辦，以安市面，而維金融。特此電請查照辦理，並希見覆為荷。

第三十次常會

日　　　期　民國十七年十二月二十一日（星期五）
　　　　　　上午九時
地　　　點　懷仁堂
出席委員　張繼　李煜瀛　白崇禧　李宗侗　何其鞏
張委員繼　主席
秘　書　長　王用賓
記　　　錄　李銘

主席恭讀遺囑，宣告開議。

秘書長王用賓報告第二十九次常會議事錄（無異議）。

報告事項

（一）長蘆通綱全體商人呈為長蘆綱總等無辜被押縷述公運經過事實請准予先行保釋秉公澈查案

決議：緩議。

（二）勞動界代表胡耀聲呈請禁止糧商託詞加價以救貧民困苦案

決議：照轉中央，請通令取締糧商提高糧價，並令各省市政府一律籌辦消費合作社，以裕民食。一面交河北省政府、北平、天津兩市政府先行查照辦理。

（三）北平工廠聯合會代電究竟何項典禮必需工友全體參加其他可酌派代表或在廠舉行全體參加者應否

支給工資乞明示以便遵行案

決議：交北平市政府擬具妥善辦法再予核定。

（四）交河縣商會副會長張元燾呈為縣黨員曚蔽上委冤抑難伸請轉飭省政府提案澈查案

決議：交河北省政府澈查具復。

（五）西山蜂場營業部呈為蜜蜂收稅迹近苛細乞准令豁免以資提倡案

決議：稅屬苛細，應准豁免，交北平稅務監督公署及河北省政府、北平市政府查照。

（六）熱河賑濟委員會呈為熱河災情奇重請援案轉電國府將熱河加入晉冀察綏賑災委員會之內以便統籌賑濟案。

決議：電請國府將熱河加入晉冀察綏賑災委員會之內，以便統籌賑濟。

（七）熱河賑濟委員會公函公推張主席為名譽會長並乞設法賑濟附抄呈致國民政府電請察閱案

決議：存案。

（八）北平何市長呈為修整西郊迎櫬大路事據工務局呈具兩種辦法請鑒核令遵案

決議：除再電請葬事籌備委員會撥款外，並交河北省政府及北平市政府妥商先行墊款修路辦法，具覆候核。

（九）鐵道部巧電准葬事籌備處函開修路費無款可撥請就近籌畫交北平市政府負責修理至碧雲寺紀念事項應另案辦理等由電達查照案

決議：據市政府工務局擬具修路估工辦法，應電請查照，前電仍予迅撥款項以便早日開工。

（十）趙錫麟等呈為整理清河織呢廠請提案表決迅飭撥款辦理以裕民生案

決議：呈請中央政治會議轉咨國府飭軍政部將該廠交北平市政府就近監督招商承辦，以資整理。

臨時動議

張主席李委員煜瀛提議崇文門關稅本應立即取消現為救濟貧民生計擬將該關收入全數撥作北平市民消費合作社基金以一年為期期滿即將該關撤銷案

決議：呈請中央政治會議核准，轉飭財政部察照。

張主席李委員白委員李委員宗侗等提議組織華北民用航空機案

決議：通過。由白委員詳擬具體辦法，以憑核定。

何委員提議由北平市政府會同天津市政府共同設立平津特別銀錢局發行角票以維持市面金融案

決議：通過。交平、津兩市政府妥擬詳細辦法候核。

附錄原件

勞動界貧民代表胡耀聲呈——請禁止糧商託詞加價以救貧民困苦

呈為，禁止糧商託詞加價以解決民生困苦仰乞鑒核轉請事。竊查社會貧民日見增多，究其致貧原因，實由於奸商糧行任意操縱糧價，逐見增加所產出。自民國三年至今，糧價加上五倍，回憶民國三年時代，即以貧民所食粗糧玉米麵而論，每觔價值銅元不過三枚，近今每觔加至銅元十九枚，彼時設有四口之家日食玉米麵，日用食費僅需銅元十五枚，此時四口之家日食玉米麵五觔，日用食費必需銅元九十五枚，比較民國三年每日多加擔負食費銅元八十枚，全年以三百六十五日計，核計全年多加擔負銅元二萬九千餘枚，如此重負，是以貧民日見困難。產貧原因，由於糧行逐次加價所致，若不嚴行取締糧行，任彼操縱糧價，長此以往，加限將無底止，貧民生計最後有不堪設想矣。糧商慾壑難填，惟有高價是圖，如某縣被旱，彼託詞無糧，即時加價；如某縣被潦，託詞未收，即時加價；如交通不便，彼託詞無車，即時加價，過此交通恢復，糧價從無恢復；如遇戰爭，彼乘亂際即時加價，即無隙可乘，收買米糧，操縱糧盤，提高糧價。彼輩習性買起不買落，心理祇存一種，提高價值，無糧可收，猶有買空賣空之弊，如市中糧足，彼即包市，俟收盡後，居為奇貨，逐次加價，以圖牟謀，有漲無落，所以生活日見困難，民眾日賺工資豈能逐增加，日用入不抵出，故社會有此貧困現象。雖國府頒發賑款及慈善家施助，亦係杯水車薪，難資沾溉。先總理遺囑民生主義，乃由根本解決之法。諺云，急則治其標，緩則治其本。近今解決民生問題，當務之急，須以先治其標，因此貧民籲求國府通令全國取締糧行釐訂糧價，禁止米糧加價，一俟生活程度平衡，則平民日見其少矣。謹呈北平政治分會轉呈中央政治會議核准施行，不勝待命之至。

北平特別市市長何其鞏呈——為修整西郊迎櫬大路事據工務局呈擬兩種辦法請鑒核令遵

為呈復事。總理靈櫬不日奉移首都安葬，所有迎櫬自碧雲寺以至車站經過道路亟應修治，以防填震，前經職府令行工務局估修在案，嗣奉鈞會第五二三號函以准鐵道部孫部長陷電請即迅將此路修好，以免臨時圖章。經常會決議，交北平特別市政府修整西郊迎櫬大路，令即遵照辦理等因，奉此復經令行工務局迅速辦理去後，茲該局呈復茲擬具第一、第二兩種辦法前來，理合抄錄原呈並所附估單兩種請鑒核指令，俾便轉飭該局遵行，實為公便。謹呈。

趙錫麟等呈——為整理清河織呢廠請提出案表決迅飭撥款辦理以裕民生

呈為，整理清河織呢廠謹請俯予提案表決迅飭撥款辦理以裕民生事。竊自國都改建，政府南遷，數月以還，北平情勢頓見衰落，百業會凋敝，商民作困，若不力圖挽救，勢必至首善之區淪為為荒涼之境。於是有識之士惄焉心傷，咸以繁榮北平為最問題。伏見政治分會自正式成立，對於種種建設力謀實行宏猷遠計，遐邇謳歌，惟是振興實業，若一切出於創舉，自不若就原有之局略事整理，費財既少，成功必多。查清河織呢廠設自前清迄於今日垂二十年，規模宏大，機械完備，錫麟夙昔供職該廠，對於廠內情形略知底蘊，實不忍望視其殘毀而不思整理之，方用敢本管見所及具呈陳議，倘蒙大會將該廠收回，切實整理，則轉手之間即可立復舊觀而富國裕民，繁榮北平之至計，更可翹足而待焉。謹將整理辦法臚陳於後，伏乞公決施行。謹呈。

第三十一次常會

日　　期　民國十七年十二月二十五日（星期二）
　　　　　上午九時
地　　點　懷仁堂
出席委員　張繼　李煜瀛　白崇禧　李宗侗　商震
張委員繼　主席
秘 書 長　王用賓
記　　錄　李銘

主席恭讀遺囑，宣告開議。

秘書長王用賓報告第三十次常會議事錄（無異議）。

秘書長王用賓報告據本會接收中南海委員報告接收已次第就緒即應實行開放以慰市民之望等情查本會乃指導監督機關未便自行管理開放事宜可否決定以中南海為北平市民共同遊憩之公園永遠開放不收門費本此原則交由河北省政府北平市政府共同管理並將管理中南海公園詳細辦法妥速擬議具覆候核

決議：照辦。並由河北省政府、北平市政府尅日各派委員來會先行接管，以備籌劃年節開放事宜。

秘書長王用賓報告豫陝甘賑災委員會送來募捐冊二十份應如何辦理之處請公決

決議：由張主席約同省政府商主席、市政府何市長召集各界勸募賑款。

秘書長王用賓報告中央政治會議哿電電達盧龍等縣代表康偉之函稱奉軍一部又復增防懇飭尅日退兵等情已決議由國府電張委員學良迅速撤退又國府文官處馬電關於奉軍增防一案已電張委員學良照前議迅撤灤東部隊復請查照

決議：存案，並轉原具呈人知照。

報告事項

（一）上海復炎學校董事長柏文蔚等代電平津等處之齊燮元產業請遵照中央處理逆產委員會議決飭屬調查交本校接管以固校基而慰先烈案

決議：轉河北省政府及平、津兩市政府查照辦理。

（二）大德通煤棧等呈為大陸銀行壟斷高線鐵路矇蔽中央私增債額懇澈底根究免釀意外風潮案

決議：所呈各節交建設委員會北平分會查明具覆，一面仍飭照財部鹽務署批定原案進行，以免營業停頓有礙民生。

（三）劉燮芝呈為保管私產橫被侵佔懇請澈查保護案

決議：交河北省政府查明具覆。

（四）北平中醫學校教授錢紹曾等呈請提倡中醫學術以保國粹案

決議：函請國民政府轉飭衛生部酌採施行。

（五）平津商民邢載福黃濟時等呈請自願集資二百萬元鑄造輔幣以救銀荒而維市面案

決議：交河北省政府及平、津兩市政府會核具覆。

（六）中央政治會議馬電長蘆綱總案仍應解京辦理電復查照案

決議：查案內款項爭議，除公運餘利外，皆屬地方之款，似無解京解決之必要。且年關在邇，遽將該綱總等一體解京，不免影響地方金融，應電中央仍請免予解京。

（七）天津銀行公會箇電為津市銀根奇緊援例請求財部協濟如財部協濟之款暫難撥到請將部款作抵向銀行商墊以資救濟案

決議：轉電財政部核辦。

（八）藝術學校公函請撥南海瀛臺全部為校舍案

決議：緩議。

（九）國府文官處馬電電達中央政最近情摘要七則案

決議：存。

（十）北平市民代表章子宜等呈為駱斌巧立國術聯歡會營私舞弊盜賣公物請將該會立予解散並逮捕嚴辦案

（十一）古物保管會北平分會公函市民章子宜等呈稱駱斌在中南海辦理不善各節鈔呈送請轉交接收委員會詳查秉公辦理案

決議：併案交河北省政府、北平市政府查辦。

附錄原件

天津銀行公會箇電——為津市銀根奇緊援例請求財部協濟如財部協濟之款暫難撥到請將部款作抵向銀行商墊以資救濟

北平政治分會、河北省政府鈞鑒。現在金融風潮甫定，津市銀根奇緊，危機四伏，若不設法救濟，年關近逼，隱患堪虞。懇援照北平先例，電請財部協濟洋五十萬元為維持津市之需，俟奉准後，如部款暫難撥到，可即以此項協濟之款作抵暫向銀行商訂墊款備用，由負部責歸還，事關救濟金融，務懇俯賜電部准行為感。

第三十二次常會

日　　期　民國十七年十二月二十八日（星期五）
　　　　　上午九時
地　　點　懷仁堂
出席委員　張繼　李宗侗　商震　方振武　何其鞏
張委員繼　主席
秘 書 長　王用賓
記　　錄　李銘

主席恭讀遺囑，宣告開議。

秘書長王用賓報告第三十一次常會議事錄（無異議）。

秘書長王用賓報告據前參議院任滿議員陳善呈稱前財政部將七柱欠費秘密存儲大陸等銀行意圖侵占朋分請決議派員提取撥充北平故宮博物院經費並將該議員等應領之款發下以便支配

決議：由會調集關係案卷查明後再行核辦。

報告事項

（一）河北省政府呈井陘煤礦盈餘早經定在職府預算之內請勿撥作其他用途以重實業案

決議：維持原案。並聲明原案係撥作北平區文化事業基金，非北平市區。

（二）中央執行委員會秘書處函據湖南黨務指導委員會電請王占元在天津特二區已封財產請秉公處斷勿予發還奉常務委員交請查照核辦案

決議：交天津市政府查照辦理。

（三）天津市政府呈復與鹽款鉅案有關之李贊臣已飭局嚴行看管至清查委員會可否派員參加乞核示案

決議：無庸派員參加，有必要時由清查委員會函請列席。

（四）許鄧起樞呈對於中日文化委員會之組織謹貢芻議請提議公決案

決議：交李委員宗侗、何委員其鞏先將該會內容調查明確再予核辦。

（五）劉維霖函陳河北水患請照芻言所擬辦法救治並請轉呈國府特任河北治水委員長以便通盤籌劃案

決議：交河北省政府及華北水利委員會參考。

（六）清查長蘆洛潼委員會委員劉鎮華等函請轉呈中央仍准將蘆綱原案留平辦理或加派委員前來天津協同查辦以昭慎重而順輿情案

決議：節錄原函轉電中央。

（七）北平總商會呈據馬行同業公會函陳申炳章矇混官署開徵牙稅等情請飭令禁止依法懲辦案

決議：交北平市政府查明具覆。

附錄原件

河北省政府主席商震呈——井陘煤礦盈餘早經定在職府預算之內請勿撥作其他用途以重實業

呈為呈請事。竊聞報載鈞會第二十七次常會議決例案內有前農商部技士胡哲如等呈井陘煤礦股份應歸省有不應劃歸中央請力予維護決議該礦盈餘應作北平市區文化事業基金，由會函農礦部商請決定等語，查此案職府核辦經過情形，鈞會或未詳悉，茲敬縷晰陳之。本月初旬接准農礦部電稱井陘煤礦德國參戰賠款四分之一股份應歸部有等因，正核辦間，據復前農商部技士胡哲如等稱井陘煤礦四分之一股份不應劃歸中央，列舉理由四條懇請力予維護，以保省產等情，當經令飭建設廳核議具復。據稱井陘煤礦係屬直省公產，前由直省向華商收回與德商合辦，對德參戰前暫歸我國按管，歐戰告終，中德協約成立，前直隸省署派員與德商另訂合同，取消合辦名目，將該礦主權收為省有，完全歸省長監督管轄，原有股本及財產，德商得全部四分之一，其餘德商舊有四分之一承認讓歸直省所有，作為德國戰事直省收容敵僑、清理敵產，以及其他間按直接所受損失之賠償。原訂合同曾經咨准前農商部復稱大致妥洽，准予備案。所有德商讓歸直省之權利，並經專案咨明前財政部有案。自該合同成立以來相沿已有七年之久，中央、地方向未爭執，是按照原案經過情形及根據合同規定，前項四分之一股份應歸省有毫無疑義，且礦局既歸省管轄，系統分明，事權劃一，亦無改組之必要等語。隨經提出省政府委員會議議決，照該廳所擬辦理，並電達農礦部查照。此關於井陘煤礦股份，仍應歸省有核辦經過之情形也。至井陘煤礦之營業盈餘早經定在職府預算範圍之內，現值本省軍事甫定，建設萬端，財源異常涸竭，籌措艱窘，挹注無方，若更將該礦盈餘撥作其他用途，不但本省預算因而動搖，即地方建設經費恐亦將無從取挹，伏乞鈞會俯念本省財政困難，仍將該礦盈餘劃歸省有，以符成案，而重實業，不勝幸甚。除分呈中央政治會議外，理合縷陳前後情形，具文呈請鑒核。謹呈。

許鄧起樞呈——對於中日文化委員會之組織詳貢芻議請提議公決

敬陳者。竊維我國庚款自美國首先退還充作清華學校基金後，既之者若法、若俄、若義均以庚款辦理教育，先後成立委員會，雖各有其本國人參加會議，而主權完全屬於中國。國民政府成立，如中法教育基金委員會、俄款委員會、義款委員會迭經任命中外各委員在案。獨日本於民國十五年號稱將庚款退還中國，用為辦理中日文化事業，以十萬元在北平東廠胡同購得前黎總統住宅作為中日文化委員會會址。考其內容，所謂中日文化者，純為鼓吹日本之文化，而中國反等諸附庸，所謂中國委員者，純為親日派腐化分子，而日本直視若屬吏。窺其蓄謀之狡，殆較經濟侵略政策為尤甚。前北京政府漫不加察，任其揭櫫宣傳，實屬形同聾瞶。今國民政府固日言廢除不平等條約，以革新主義宣示民眾矣，乃猶有帝國主義之謬種傳播於我文化最古之北平，青天白日之下豈可再容此魑魅鬼域之委員會重辱國體。或謂濟案交涉尚無頭緒，故中日文化委員會暫為擱置，然濟案乃另一問題，且亦非短期間所能完結，若必俟濟案解決後而始提議中日文化會改組辦法，恐帝國文化之毒日浸淫傳染於民主之新中國，其為害何窮。竊謂中日文化會成立之初，本未經過外交部，此時更不必捲入外交漩渦，反生枝節。伏念鈞會為贊助中央議決政治在北平行使最高職權之機關，凡關於北平區域內之重要政務得就近隨時便宜處理，此案日本既以庚款退還中國文化委員會名義，以中國冠首，其會款固純為中國之款，其所購住宅為會址，既隸國府之下，即為中國所有權，本可由國府直接派員前往處分，但此時不必遽取激烈手段，擬由鈞會先行致函日本委員長瀨川索取該會章程與辦事細則及每年預算經費若干開單送核，應如何變更組織，即由鈞會從新釐訂妥擬辦法，轉呈中央政治會議審定，再交國民政府頒布，俾中日兩國共同遵守。至日本各委員准其仍舊供職，但必須國民政府正式任命以重主權，如此和平對付，不露駁詰抗議之態，引其漸就範圍，則權自我操，而我國固有之文化可以發揮光大，不至侵府於外力矣。

起樞為尊重國權，整飭邦教起見，心所謂危，不忍緘默不言，謹貢芻議，敬請主持提出會議公決，抑或轉呈中央政治會議核辦，恭候鈞裁。謹呈。

劉維霖函陳——河北水患請照芻言所擬辦法救治並請轉呈國府特任河北治水委員長以便通盤籌畫

溥泉鄉兄主席鈞鑒。久仰賢聲，欣瞻道範，作雲下雨，悉待我公。謹請願者，河北省連年水患，霖獻芻言，根本救治阻於籌款不能進行，今聞鐵道部長孫借美金五百萬闢運河於獨流，霖以為誤用金錢，而水患仍不能免。蓋水大之年，上游泛濫，各縣即次第被淹，獨流距天津僅六十里，水至獨流，而各縣早經淹沒，即闢運河，安能免上游之水患哉。百年大計，國家鉅款，霖不敢有見而不言，仍請照芻言所擬，由臧家橋闢海河，橫截上游方來之洪水而注之海，以策萬全。謹呈芻言一本附具詳圖，請公主張照辦，則河北永無水患，我公媲美神禹矣。且治水重任也，不可兼差，更不宜坐論。敬求轉請國府特任河北治水委員長，上承國府，俾如禹之身親其事，通盤計畫，庶免遺失，否則如海河委員會之治海河，徒擲金錢而無益也。是否有當，拱候諭遵。

第三十三次常會

日　　期　民國十八年一月八日（星期二）上午九時
地　　點　懷仁堂
出席委員　張繼　白崇禧　商震　方振武　何其鞏
張委員繼　主席
秘 書 長　王用賓因事請假指定秘書吳鴻鈞列席代理秘書長職務
記　　錄　李銘

主席恭讀遺囑，宣告開議。

秘書吳鴻鈞報告第三十二次常會議事錄（無異議）。

報告事項

（一）北平市政府呈復規定電車公司官股董事監察任事辦法並分別改派以重公務請轉函財政部收回前令俾免糾紛案

決議：轉國民政府請維持劃歸市政府監督管理原案，飭財政部查照。

（二）滄縣各區代表程俊亭等呈為縣指委鼓惑民眾擾亂公安請嚴緝懲辦案

決議：交河北省政府查辦具復。

（三）中央執行委員會訓令各政分會經中央常務會議決定展期至本年三月十五日以前裁撤並須確守分會暫行條例規定案

決議：存案。

（四）北平市政府呈復該府成立後各項稅捐數目列表呈請鑒核案

決議：暫行存案。俟河北、熱河兩省政府及天津市政府呈復到後，一併審核。

（五）財政部電復請撥款維持平津金融已勉籌三十萬元業飭駐平辦事處協同籌辦案

決議：存案。

（六）財政部電關於孫總理像銀幣請迅予布告商民人等一律行使並希電復案

決議：轉河北、熱河兩省政府及北平、天津兩市政府查照辦理。

（七）鑫記建築公司金慶林呈為前航空署修造清河飛機棚廠工價及交存保證金迄未償還請轉飭清理以恤商艱案

決議：轉軍政部飭該署從速清理。

（八）灤縣漁民協會代表劉福泰呈為河北財政廳派遣貪官枉法徵稅乞澈查治罪以除民蠹案

決議：交河北省政府查明具復。

（九）梁汝成呈轉請中央咨商市黨部及宣傳機關利用盲人專做宣傳工作以卹殘廢案

決議：存案。

（十）巴黎大學中國學院監督公函茲將兩種溝通中西文化事業與政府來往文件摘要彙呈請轉行各機關及

官私各報並乞代為募捐案

決議：轉教育部。

（十一）河南省政府沁電汴洛鹽觔加價與津浦事同一律應一致追繳吞款除派員前往追繳外特電懇就近指導俾得早日清結案

決議：電復該省政府，蘆綱一案業以解京訊辦，但清查工作仍應進行，請令所派委員會同本會指定委員從速清查，一面並通知本會指定委員查照辦理。

（十二）河南清理鹽款代表劉積學等代電請將洛潼河南蘆鹽加價案電請中央准予仍留平津澈查辦理案

決議：函復該代表，長蘆綱總等業已解京，但清查帳款仍積極進行，應即會同河南省政府及本會所派委員從速清查。

（十三）天津麵粉公司同業會呈請准將河北向無麥厘之粉免徵特稅並辭獎勵金其免麥厘或退還麥厘者自應遵章繳納特稅一角案

決議：由會轉財政部請其免徵特稅，以重民食。

（十四）河北省建設廳呈華北水利委員會與省府權限牴觸易生誤會請查照原案轉呈中央修改該會組織條例案

決議：存案備查。

（十五）國立北平大學公函漱大學醫學院請飭市政府將外城官醫院撥作附屬病院祈查照施行案

決議：函復逕向北平市政府商辦。

（十六）房山縣公民李錫信等呈為縣指委越權捕人請依法澈究以保社會安寧案

決議：交河北省政府查明具復。

（十七）駐法使館函留法學生李宗海等致貴會呈文及調查表轉送請核辦見復案

決議：函北平大學區校長辦公處核辦。

（十八）湯玉麟等通電就職熱河省政府委員及主席案

決議：復電嘉勉，並令飭該省遵照中央所指定管轄區域受本會指導監督，此後該省一切政務均須秉承本會辦理，一面電請中央轉飭該省切實遵照。

第三十四次常會

日　　期　民國十八年一月十一日（星期五）上午九時
地　　點　懷仁堂
出席委員　張繼　白崇禧　商震　何其鞏
張委員繼　主席
秘 書 長　王用賓因事請假指定秘書吳鴻鈞列席代理秘書長職務
記　　錄　李銘

主席恭讀遺囑，宣告開議。

秘書吳鴻鈞報告第三十三次常會議事錄（無異議）。

報告事項

（一）北平市社會局呈據永年地毯工廠呈稱困難情形尚係實情抄送原件請鑒核備查案

決議：存案備查。

（二）北平總商會呈據車業公會函請轉飭准予取消汽車馬車加一捐以維營業案

決議：交北平市政府查明具復。

（三）永清縣小學校長朱其煒等呈懇飭縣於已賣之學田迅令收回於未賣之學田嚴行保護案

決議：函河北省政府飭永清縣收回，並通令各縣一律保護，一面分函河北官產總處，對於請求留置學田嚴厲批駁，再由會另案建議中央，凡關於類似學田之地方公產應由地方主持，未便由各官產局所處分，以明系統。

（四）清查長蘆洛潼鹽案委員會呈報該會成立暨啟用印章日期並乞分行知照案

決議：存案。並分別知照。

（五）丁開嶂呈為開國烈士建立祠堂請核准轉呈中央飭河北省政府查照案

決議：關於開國死難各烈士建立祠堂，應由會派員會同河北、熱河兩省政府及北平、天津兩市政府切實調查彙案辦理，以免罣一漏萬。

（六）熱河隆化縣代表孫振海等呈為熱河災情苛重請派人調查籌備賑災並轉請國府派樊清宇為熱河賑災委員案

決議：熱河賑災事宜交熱河省政府從速調查籌辦，至所呈轉請國府派樊清宇為熱河賑災委員，應毋庸議。

（七）宛平縣六村公民李瑞泉等呈為村莊分裂痛苦難伸請迅將割裂村莊劃還宛平縣屬以蘇民困案

決議：交河北省政府及北平市政府會商，從速解決，以蘇民困。

討論事項

（一）華北民用航空協進會簡章草案（起草委員白崇禧提出）

決議：交白委員、商委員、何委員審查，由白委員召集。

第三十五次常會

日　　期　民國十八年一月十五日（星期二）
　　　　　上午九時
地　　點　懷仁堂
出席委員　張繼　李宗侗　商震　何其鞏
張委員繼　主席
秘 書 長　王用賓
記　　錄　李銘

主席恭讀遺囑，宣告開議。

秘書長王用賓報告第三十四次常會議事錄（無異議）。

報告事項

（一）永定河沿河公民劉楷倫等呈為河務局長瀆職營私破壞河務列舉劣跡五項請撤差查辦案

決議：交河北省政府查辦。

（二）河北省政府呈復修理迎櫬大道議決由建設廳與市政府會商辦理案

決議：存案備查。

（三）天津市英美烟草公會等呈為工賊王佩文等摧殘工運圖謀反動公推代表請願懇澈查懲辦案

（四）天津英美烟草公會等呈為天津市黨部委員莫子鎮等藉黨營私宣傳赤化懇迅電中央嚴行拏辦案

決議：併案交天津市政府查復。

（五）河北省政府呈關於河北省與平津兩市劃分轄境事檢同意見書請鑒核示遵案

決議：交審查會併案審查，並增加何委員為審查委員。

（六）國府文官處真電電達中央最近政情摘要五則案

決議：存案。

（七）北平總商會呈據煤業公會函請免除手推小車年捐各節轉請照准以維營業案

決議：交北平市政府查明免除。

（八）天津轉運商業公會代電為平奉路局加徵臨時整理費照錄致中央電文請加以援助案

決議：轉函鐵路部請其免除或酌減，以維民生。

（九）河北省人民張璧等呈為包稅弊害多端請決議令行河北省廢止案

決議：交河北省政府飭主官管廳迅予廢止包稅制度，以免流弊。

（十）冀縣各區代表鄧東勃等呈為縣指委張道生藉黨橫行剝消民財宣傳邪說實行共產乞派員查辦案

（十一）永清縣公民劉秉峙等呈為縣指委張旭莊等背叛黨國違反民意請查明究辦以保公安案

（十二）懷柔縣第六區代表張連等呈為縣指委鍾竟成借名詐財食言背約誣陷民眾請轉飭澈查究辦案

決議：以上三條併交河北省政府嚴行查辦具復。

（十三）河北省公民王文山等呈為河北財政紊亂請設河

北省清釐財政委員會澈底清查以資整頓案

決議：交由河北省政府選派公正士紳自行組織清釐財政委員會澈底清查，以資整理。

（十四）正定縣農會會長楊蔭棠呈為登記處黨員王化機妄捏罪款率共產黨徒威脅縣長法辦公民請派員查辦案

（十五）正定紳商全縣民眾效電王化機率領共黨將縣長及公安局長禁錮遊街全城閉市懇飭就近軍隊鎮懾並逮捕懲辦案

決議：併案交河北省政府從嚴查辦，並通令各省市政府如有憑藉黨部干涉行政司法等情，應予嚴懲，以維法紀。

（十六）塘沽索還法國佔地協會代表李鈞等代電為法國霸佔國土擴築房間乞派員調查交涉迫其交還以固主權案

決議：交河北省政府、天津市政府及天津交涉公署分別查覆，以憑核辦。

（十七）滿族同進會呈詳陳收回首善工廠經過情形社會局偏聽片面之詞會同公安局查封工廠請主持正義以平眾憤案

決議：交北平市政府查明迅予啟封，並將辦理情形具復候核。

討論事項

（一）華北民用航空協進會簡章草案（審查報告）

決議：照審查報告通過。

附錄審查報告

華北民用航空協進會簡章

一、　本會定名為華北民用航空協進會。

二、　本會以提倡民用航空事業之發展喚起民眾注意立於政府指導之下積極進行以期聯絡本國各航空協進會實現總理航空救國主義為宗旨。

三、　本會會址設北平市。

四、　由發起人推舉委員七人至十一人另由北平政治分會指派委員若干人組織委員會再由委員會委員全體互推常務委員五人依會議決定一切進行事宜設技術會計文書宣傳四股分任會內日常事務。

五、　本會得設立分會於各地其地點由本會指定呈報政府核準。

六、　凡本國公民熱心贊助本會事業並照納會費者經本會會員二人以上之介紹均得加入本會為會員。

七、　會費常年費每人二元入會費一元。

八、　如富有航空學識技術及熟習外國語言文字或精於圖畫熱心擔任本會工作確有成績者第二年得免納常年會費。

九、　本會擬次第開辦華北各省區之航空運輸。

十、　籌備組織民間航空學校航空工廠並辦理航空測量殺蟲救火宣傳黨義一切事宜。

關於九、十兩條之組織機關及經營事業各項章程另定之。

十一、擬先籌足三十萬元定購運輸飛機六架開辦華北各省區最重要之航線此三十萬元由華北各省市政府合籌十五萬元由民眾認股十五萬元。

關於招股之章程另定之。

十二、本會經費暫由發起人擔任籌集並請華北各省市政府補助之。

十三、本簡章如有未盡事宜得由本會全體委員會決議修改呈報政府。

十四、本簡章自本會全體委員會決議後施行。

（二）北平臨時政治分會專門委員會組織大綱草案（審查報告）

決議：照審查報告通過。

附錄審查報告

北平臨時政治分會專門委員會組織大綱

第一條　中央政治會議北平臨時分會為管轄區域內一切政務指導並監督之適宜設法制財政建設文化蒙旗各

項專門委員會。

第二條　各專門委員會之職務如左：

一、法制委員會任關於各項單行法之擬定及審核事項；

二、財政委員會任關於金融租稅公債預算及其他財政上之一切計畫及審核事項；

三、建設委員會任關於各項建設事業之計畫及審核事項；

四、文化委員會任關於教育禮俗及其他文化事業之計畫及審核事項；

五、蒙旗委員會任關於發展並改革蒙旗一切事業之計畫及審核事項。

第三條　各專門委員會除承北平政治分會交議之案件外並得自行提案建議於分會。

凡案件關係兩會以上之職務者得開聯席會議。

第四條　各委員由北平政治分會委任委員若干人組織之並指定三人為常務委員。

北平政治分會管轄區域內省市政府之廳長局長得各就主管事務列席專門委員會會議。

第五條　各委員會辦事細則及議室細則另定之。

第六條　本大綱由中央政治會議北平臨時分會議施行。

第三十六次常會

日　　期　民國十八年一月十八日（星期五）
　　　　　上午九時
地　　點　懷仁堂
出席委員　張繼　李宗侗　商震　何其鞏
張委員繼　主席
秘 書 長　王用賓
記　　錄　李銘

主席恭讀遺囑，宣告開議。

秘書長王用賓報告第三十五次常會議事錄（無異議）。

報告事項

（一）天津總商會代電據麵粉商同業公會函稱平奉鐵路加收整理費懇將麵粉一項列入糧食之內一律免收整理費以蘇民困而維民生案

決議：轉鐵道部查核免收。

（二）武清縣農會會長周楨等呈為駐軍徵索糧秣閭閻無力支持請電該部制止徵發或趕速給價以蘇民困案

決議：函劉總指揮查照停止徵發，並趕速給價，以蘇民困，一面交河北省政府轉飭該會長等知照。

（三）河北公民清理津浦鹽觔加價積款會代電國府將公運案解決以後李贊臣一人應如何提解來平歸案請

負責主持案

決議：轉請國府於公運餘利案訊結後，仍應將李贊臣等解回天津，歸案追繳。

（四）通縣十三區農民協會代電關於縣黨委解散農民協會拘押委員籲請轉飭恢復開釋並撤換縣長及縣指委以維黨務案

決議：交河北省政府查辦具覆。

（五）清查長蘆洛潼鹽案委員會呈蘆綱代收洛潼路鹽觔加價瀝陳經過概要擬請轉陳中央於公運餘利訊辦就緒即將該綱總等解回天津俾便清理追繳案

決議：查照第三案決議，併案辦理。

（六）中央政治會議銑電海關新稅則案經明令公布於二月一日施行所有內地稅局及煤油特稅局應即撤銷歸併海關辦理請轉飭遵照案

決議：轉交省市各政府遵照。

（七）北平市政府呈准使館界事務公署函索修路經費查係根據辛丑和約惟現值中央修訂新約之時應早日廢除並將行政權收歸市籍以期根本解決請鑒核主持案

決議：轉呈中央飭部分別查照辦理，一面函該市政府，就呈內列舉各項妥擬詳細辦法，以為對外交涉之依據。

（八）保定六中學生代表齊寶林等呈為校長屈凌漢結黨營私摧殘教育請澈查究辦案

決議：交北平大學查辦具覆。

（九）中央政治會議銑電本會議決北平政分會趙委員戴文辭職照准任溫壽泉朱綬光為北平政分會委員電請查照案

決議：存案。並函請溫委員蒞會就職。

第三十七次常會

日　　期　民國十八年一月二十二日（星期二）
　　　　　上午九時
地　　點　懷仁堂
出席委員　張繼　商震　何其鞏　溫壽泉
張委員繼　主席
秘 書 長　王用賓
記　　錄　李銘

主席恭讀遺囑，宣告開議。

秘書長王用賓報告第三十六次常會議事錄（無異議）。

報告事項

（一）北平大學醫學院學生會函請將南海瀛臺等處撥充校舍案

決議：併入第二案討論。

（二）北平大學公函據醫學院學生會呈請將南海大禮堂等十餘處撥充校舍函請核辦見復案

決議：查照本日張主席臨時動議決議案，該學生會所請礙難再行撥充，即交北平大學轉飭知照。

（三）協通津保長途汽車公司張毓濡呈為張百齡摧殘實業請追償損失以恤商艱除分呈省政府外乞鑒核施行案

決議：交河北省政府查復。

（四）北平市政府呈為北平地毯銷路日趨衰落該商會所請暫予免徵各項捐稅一節懇准予轉行照辦案

決議：轉財政部查核免徵並行河北省政府查照。

（五）北平市政府呈報接收中南海情形並請將中南海完全劃歸市轄乞鑒核示遵案

決議：交該市政府仍查照前案，與河北省政府會商詳細辦法，即倣中山、北海兩公園成例組織董事會管理，由市政府監督。

（六）房山縣民眾代表李文炎等呈縣指委殷宗夏等濫用職權私擅逮捕列舉事實四則請澈查究辦並開除黨籍以維黨紀案

（七）房山縣民眾代表李同人等呈縣指委殷景純等倒行逆施民不堪命縷陳違犯黨義行為六項請將該指委等根本撤銷改組免釀意外風潮案

決議：併案，交河北省政府查辦。

（八）霸縣地戶代表趙法湯雄縣地戶代表張樹枝等呈為新鎮縣政府違法加捐請飭令河北省政府迅予取銷以蘇民困案

決議：交河北省政府查照辦理。

臨時動議

張主席提議為增進一般民眾公共樂利及保護偉大建築物之安全與永久起見業將中南海決定開放為北平市民公園所有自政治分會以下各政治機關及各學校凡借用中南海房屋者均應一律遷出案

決議：通過由會分別函知查照辦理。

第三十八次常會

日　　期　民國十八年一月二十五日（星期五）
　　　　　上午九時
地　　點　懷仁堂
出席委員　張繼　林森　何其鞏　溫壽泉
張委員繼　主席
秘 書 長　王用賓
記　　錄　李銘

主席恭讀遺囑，宣告開議。

秘書長王用賓報告第三十七次常會議事錄（無異議）。

報告事項

（一）甘珠爾瓦佛辦公處處長昌平縣公民唐進憲呈為平北四縣沿山一帶匪患日熾民不安生亟應整頓保衛團訓練剿匪敬擬改組辦法十條祈鑒核施行案

決議：交河北省政府查核辦理。

（二）國府文官處巧電電達中央最近政情摘要九則案

決議：存案。

（三）國軍編遣委員會臨時秘書處刪電報告第三次大會通過確定軍費總額實行統一財政之五項原則案

決議：存案。

（四）國軍編遣委員會臨時秘書處巧電報告第四次大會

通過國軍編遣進行程序大綱案

決議：存案。

（五）北平市政府呈為北平電話事業亟待整理請轉函行政院飭令交通部委託市辦案

決議：照轉行政院核辦。

（六）永定河河務局長孫慶澤代電本河北七工遙堤地畝關係河防極為重要請主持停止變賣以重河防而保堤工案

決議：交河北省兼熱河省官產總處轉飭，即日停止變賣，以重河防，並交河北省政府及華北水利委員會查照。

（七）北平煤鋪同業公會董事張存祐等呈請按前議迅函市政府轉致各區稽徵所即將手推小車年捐取銷未上捐者停止其已徵收或經科罰者分別退還案

決議：交北平市政府查照前案，從速查明免除，並將辦理情形具覆。

（八）三河縣公民吳培芬等呈為縣指委趙光文等藉黨營私壓迫民眾請澈查嚴辦案

（九）靜海縣黨員杜明吾等呈為該縣登記處指導員邊純修藉黨營私行動乖謬臚陳劣跡八端請撤職查辦案

（十）香河縣各村代表及村長佐吳孟初等呈為縣指委許永清殘害地方經呈請省黨部查辦迄未實行風聞有省黨委卜哲民及香河旅京同鄉會劣紳為之保障請密查懲辦以肅黨紀案

（十一）香河縣代表孫希孔呈為縣指委許宴亭等藉黨營私任意橫行臚列七款請派員清查案

（十二）鹽山縣李信朋呈為縣黨員邢春甲等濫用職權誣良為匪懇依法究辦以維民心案

決議：五案併交河北省政府查辦，並將本會交辦關於各縣黨部濫用職權各案從速查明具覆，以憑彙轉中央。

（十四）天津總商會代電據天津灰煤商同業公會函稱平奉路局附加整理費懇請准予免除以恤商艱案

決議：照轉鐵道部查核辦理。

（十四）北平市政府呈准總商會函復鋪捐已於十一月內停止惟墊付各軍給養費是否由富商分攤其已繳未繳者究應如何辦理請核示遵行案

決議：交北平市政府轉飭該總商會查照，暫由各行商會將借墊給養分別攤還，一俟各該軍償還有著，再行歸墊。

（十五）國府文官處漾電奉主席交北平工商聯合研究會等電懇將北平所有民眾運動准照京都市成案非經當地政府核准者不得舉行應准照辦電請查照轉行案

決議：轉交各省、市政府查照嚴切執行。

（十六）國民政府漾電工會法規尚待審定店員工會既多流弊應暫飭制止成立以免糾紛案

決議：轉交各省、市政府查照嚴切執行。

臨時動議

（一）林委員提議請擇日舉行建立總理銅像奠基典禮案

決議：在北平市天安門前建立總理銅像以資景仰，交由河北省政府、北平市政府會同負責辦理，並先期舉行奠基典禮，即交北平市政府籌備。

（二）張主席提議據何市長報告北平市內連日發見盜劫多案往往出自身著灰色衣服之人現查遣散兵卒麇集市內不少各軍林立嚴密約束亦恐未周應由平津衛戍總司令部會同駐平各軍組織各軍聯合稽查處以肅軍紀而維公安案

決議：交由平津衛戍總司令部及國民革命軍總司令部駐平行營轉飭各駐軍查照，從速組織各軍聯合稽查處。

第三十九次常會

日　　期　民國十八年一月二十九日（星期二）
　　　　　上午九時
地　　點　懷仁堂
出席委員　張繼　商震　何其鞏　溫壽泉
張委員繼　主席
秘 書 長　王用賓
記　　錄　李銘

主席恭讀遺囑，宣告開議。

秘書長王用賓報告第三十八次常會議事錄（無異議）

報告事項

（一）安平縣王世傑等呈控縣指委陳俊卿與幹事張秉鈞狼狽為奸誣害良善臚舉劣跡四端懇飭河北省黨務指導委員會澈究案

決議：交河北省政府查復。

（二）長辛店商民協會呈為屠宰商稅率增加及屠宰地購買地二重徵收懇分晰免加以維商業案

決議：交河北省政府轉飭，仍照舊章徵收，至右翼稅局在購買地收稅一節，即交北平市政府轉飭停止。

（三）國軍編遣委員會臨時秘書敬電電達第五次大會十項決議案

決議：存案。

（四）河北清黨同志會呈請解散河北省黨部逮捕首要王南復等依法嚴懲案

決議：轉呈中央核辦。

（五）國府文官處宥電電達中央最近政情摘要五則案

決議：存案。

（六）石門商會代表邢桂齋等呈石門煤稅每車加至十元請決議令行河北省政府無論已交未交均照舊章四元徵收以恤商艱案

決議：交河北省政府轉飭財政廳查照舊章辦理。

（七）國軍編遣委員會臨時秘書處宥電電達重要議案均已圓滿解決業於徑日舉行閉幕儀式並即結束臨時秘書處案

決議：存案。

（八）晉縣樵鎮商會主席李翰如呈為包商肆擾請提案議決以除包商巨害令河北省政府照辦案

決議：交河北省政府核辦。

（九）景縣各區農民會等呈為縣長趙綿齡賣放貪官袒護汙吏列舉劣跡八端請飭省政府迅予撤懲以息民怨案

決議：交河北省政府查辦。

（十）朱俞素英呈為氏夫朱鳳昌忽被平津衛戍總司令部天津行轅偵探捕去拘押多日請令迅予開釋以重民權案

決議：函平津衛戍總司令部查明，迅予辦結。

（十一）卸任通縣縣長陳繩威宥代電奉令交卸後忽有巡警多名嚴密監視是否奉有鈞會命令電請鑒核示遵案

決議：俟省政府查明再辦。

第四十次常會

日　　期　民國十八年二月一日（星期五）上午九時
地　　點　懷仁堂
出席委員　商震　何其鞏　溫壽泉
　　　　　張主席因事請假依次由商委員震代理主席
秘 書 長　王用賓
記　　錄　李銘

主席恭讀遺囑，宣告開議。

秘書長王用賓報告第三十九次常會議事錄（無異議）。

報告事項

（一）深澤縣紳商代表王鐵生等呈為縣長梅華發違法貪污臚列事實七款請派員密查懲辦以肅官常案

決議：交河北省政府查辦。

（二）古物保管委員會北平分會公函與省市政府商定保護古蹟文物廟宇等辦法並擬定該會經費由河北熱河北平天津各省市政府分擔數目請分別轉飭查照辦理案

決議：交本會文化委員會審查。

（三）天津縣農工商學各界代表王賡炎等呈詳陳天津縣絕對不能廢除特別市根本不能成立理由請轉呈取消特別市名稱另組普通市並改為模範縣以慰輿情案

決議：關於廢縣擴大市區部分，交河北省政府會同天津市政府核議具復，餘毋庸議。

（四）國軍編遣委員會臨時秘書處宥電電達第六次大會四項決議案

決議：存案。

（五）河北清黨同志會呈為河北省市黨部為共黨及附逆份子所把持請迅予澈底清黨重行組織以固黨基案

決議：轉呈中央核辦。

（六）北平中國大學校長王正廷副校長余同甲呈為經費無著懇轉呈中央查照原案撥給基金以維校務案

決議：轉行政院核辦。

（七）碧雲寺維持會公函關於該寺原有灘地劃為中法大學之學田現被西郊警署署員魏存忠等串通售與王某永遠為業請調查究辦以維教育案

決議：交北平市政府查復。

（八）寶坻縣公民代表龔禮畊等呈為縣指委蘇益亭等獨攬黨權包辦登記倚勢詐財魚肉鄉民擬請開除黨籍盡法懲治從新登記以肅黨紀案

決議：交河北省政府查辦。

（九）肅寧縣黨員金瓚等呈河北黨務指委會組織部長張清源等把持黨務濫用黨權委于宗光等辦理肅寧登記圖謀不軌請轉呈中央立予撤懲案

決議：轉呈中央核辦。

（十）肅寧縣黨員金瓚等呈為縣指委于宗光等越權捕人

請依法究辦至縣政府公安局長喪權助虐並請撤差查辦案

決議：交河北省政府查辦。

（十一）肅寧縣公民郭令辰等呈訴代表被省黨部扣留送案法院不訊不釋請轉飭地方法院迅予開釋以雪冤獄案

決議：函北平地方法院從速依法辦理。

（十二）任邱縣商會會長杜從周呈為縣指委王信卿等藉黨肆虐民不聊生列舉劣跡數端請依法懲辦案

（十三）任邱縣民眾代表蔣雁樓等呈為縣指委王信卿等藉黨營私浮支公款並干涉司法行政請即日撤換以維黨務案

（十四）薊縣董漢民呈為縣指委李維周挾仇妄告濫用黨權干涉司法久押無辜又與省指委王宣卜哲民等狼狽為奸誣良為匪懇飭省政府轉令開釋以維法紀案

（十五）深澤縣各區代表畢培增等呈為縣指委馬國薰等侵權濫法叛黨殃民臚列劣跡請澈查懲辦案

決議：以上四案併交河北省政府查辦。

（十六）長蘆鹽運使馮齊平代電據蘆綱公所呈稱長蘆洛潼加價係奉令遵行非河南商民私人契約至商人售鹽價由官定未敢多收請轉政治分會主持公道免予追繳等情電請察照案

決議：交清查長蘆洛潼鹽案委員會參考，並復該運使，以案經委員清查，不難水落石出，轉飭靜候核辦。

（十七）坨清高線公司債權銀行團呈詳陳接收高線鐵路辦理經過情形大德通煤棧謂為壟斷不知何指檢具合同合約章程各一份請核示祇遵案

決議：俟建設委員會北平分會查復到會，再予核辦。

（十八）天津市藥行公會電稱店員公會是否有權干涉敝行用人及以後敝行各號有無辭退店員之自由各節請明白解釋令行市政府查照執行案

決議：交天津市政府查照國府漾電辦理，並轉飭知照。

（十九）河北省公民張璧等呈請提案議決令行河北及平津省市政府禁止奸商鼓鑄輔幣俾免擾亂金融以維民生案

決議：交河北省政府平津市政府查照前交邢戴福等請鑄造輔幣一案，併案從速核議具復。

（二十）中國畫學研究會公函敝會之用南海流水音日之知閣係租店性質與借佔不同當不在遷移之列函復查照案

決議：交北平市政府轉飭接收機關核辦。

（二十一）樂亭縣學生聯合會代表劉天民等呈再陳教育局長劉策安違法事實請併案撤究以維教育案

決議：交北平大學區教育行政院核辦。

太原分會（1928）

中央政治會議太原分會會議議事錄

1928 年

第一次常會

日　　期　民國十七年八月二十一日（星期二）
　　　　　上午九時開議
地　　點　敬事堂
出席委員　閻錫山　趙戴文　賈景德
缺席委員　南桂馨　商震　馬駿　溫壽泉　田桐
　　　　　方本仁　張勵生　祁志厚
秘 書 長　俞家驥
紀　　錄　張樹德

閻委員錫山主席恭讀總理遺囑，宣告開會。

甲、秘書長報告文件

乙、討論事項

（一）本分會議事細則草案（主席提出）

決議：全案通過，但開會時間改為上午七時。

（二）本分會秘書處組織條例草案（主席提出）

決議：全案通過。

（三）平綏鐵路糧貨統捐局柴九如條陳整理捐務案（主席提出）

決議：併入王金貴等調查報告案討論，以便商而無損於收數者為主（暫不宣布）。

（四）晉察綏財政整理處建議統一財政收入機關案（主席提出）

決議：令省、區政府查照。

（五）建設廉潔政治案（主席提出）

決議：歸建設委員會妥籌進行。

（六）綏區調查員賈善政等呈請整頓財政等事宜案（主席提出）

決議：全案通過。

分項抄下

（1）鐵路為財政命脈亟宜恢復交通以便商民而裕稅收也

決議：令知平綏路局切實遵照辦理，如有困難情形即據實呈報候奪。

（2）綏遠烟酒局每年對烟箱檢驗費收入甚鉅應令化私為公以裕稅收也

決議：分令晉察綏財政整理處、綏遠區政府飭局和盤托出，化私為公，並將遵辦情形具覆。

（3）各稅局郵包落地概不開票以期從中漁利也

決議：分令晉察綏財政整理處、綏遠區政府轉飭嚴行整頓禁革，並將遵辦情形具覆。

（4）綏遠司法亟宜訪照山西實行承審制度也

決議：令綏遠區政府妥籌具覆，以便民節費為主。

（七）建設委員會組織大綱案（主席提出）

決議：全案通過，但第八條全刪。

第二次常會

日　　期　民國十七年八月二十四日（星期五）
　　　　　上午七時開議
地　　點　敬事堂
出席委員　閻錫山　趙戴文　賈景德
缺席委員　南桂馨　商震　馬駿　溫壽泉　田桐
　　　　　方本仁　張勵生　祁志厚
秘 書 長　俞家驥
紀　　錄　張樹德

閻委員錫山主席恭讀總理遺囑，宣告開會。

秘書長報告處理事務並執行第一次常會議決各案經過。

討論議事日程

（一）察綏兩特別區臨時政府組織條例案（主席提出）

決議：全案通過，分令兩特別區遵照。

第三次常會

日　　期　民國十七年八月二十八日（星期二）
　　　　　上午七時開議
地　　點　敬事堂
出席委員　閻錫山　趙戴文　賈景德
缺席委員　南桂馨　商震　馬駿　溫壽泉　田桐
　　　　　方本仁　張勵生　祁志厚
秘 書 長　俞家驥
紀　　錄　張樹德

閻委員錫山主席恭讀總理遺囑，宣告開會。

秘書長報告第二次常會議事錄及處理事務並執行第二次常會議決案經過。

討論議事日程

（一）第三集團軍總司令部咨送察哈爾都統呈送察區各廳署組織暫行條例並綏遠民政廳呈送組織暫行條例及辦事規則請由貴會審核案（主席提出）

決議：察、綏兩特別區區政府臨時組織法已公布，應電令該兩區督飭應設各廳，將組織條例及辦事規則迅速擬議呈候審核。

（二）本分會經費預算案（主席提出）

決議：全案通過，呈報中央政治會議。

第四次常會

日　　期　民國十七年八月三十一日（星期五）
　　　　　上午七時開議
地　　點　敬事堂
出席委員　閻錫山　趙戴文　賈景德
缺席委員　南桂馨　商震　馬駿　溫壽泉　田桐
　　　　　方本仁　張勵生　祁志厚
秘 書 長　俞家驥
紀　　錄　張樹德

閻委員錫山主席恭讀總理遺囑，宣告開會。

秘書長報告第三次常會議事錄及處理事務並執行第三次常會議決各案經過。

討論議事日程

（一）籌設晉察綏黨政學院案（主席提出）

決議：太原訓政學院應改稱晉察綏黨政學院，以宏造就，其組織條例交文化委員會妥擬核議。

第五次常會

日　　期　民國十七年九月四日（星期二）
　　　　　上午七時開議
地　　點　敬事堂
出席委員　閻錫山　趙戴文　賈景德　馬駿
缺席委員　南桂馨　商震　溫壽泉　田桐　方本仁
　　　　　張勵生　祁志厚
秘 書 長　俞家驥
紀　　錄　張樹德

閻委員錫山主席恭讀總理遺囑，宣告開會。

秘書長報告第四次常會議事錄及處理事務並執行第四次常會議決案經過。

討論議事日程

（一）籌設晉察綏中山學院案（主席提出）

決議：交建設委員會妥擬進行。

（二）晉察綏考核官吏成績案（主席提出）

決議：全案通過，分行三省區政府遵照。

第六次常會

日　　期　民國十七年九月七日（星期五）
　　　　　上午七時開議
地　　點　敬事堂
出席委員　閻錫山　趙戴文　賈景德
缺席委員　南桂馨　商震　馬駿　溫壽泉　田桐
　　　　　方本仁　張勵生　祁志厚
秘 書 長　俞家驥
紀　　錄　張樹德

閻委員錫山主席恭讀總理遺囑，宣告開會。

秘書長報告第五次常會議事錄及處理事務並執行第五次常會議決各案經過。

討論議事日程

（一）晉察綏公辦實業檢查委員會條例案（主席提出）

決議：俟修正條文後，歸入下次會議提出討論。

主席臨時動議

（一）晉察綏三省區縣公署警察所改革名稱案

決議：晉、察、綏三省區各縣公署著均改稱縣政府，知事改為縣長，各縣警察所著均改稱縣公安局，隸屬於縣政府，警佐改為縣公安局長歸縣長指揮。

國民政府史料 01

中國國民黨中央政治會議紀錄

北京、北平、太原分會

Minutes of Central Political Council:
Peking Sub Political Council and
Taiyuan Sub Political Council

編　　者　民國歷史文化學社編輯部
總 編 輯　陳新林、呂芳上
執行編輯　李佳若
文字編輯　林弘毅、詹鈞誌
審　　訂　陳佑慎
封面設計　陳新林
排　　版　溫心忻

出 版 者　**開源書局出版有限公司**
香港金鐘夏慤道 18 號海富中心
1 座 26 樓 06 室
TEL：+852-35860995

民國歷史文化學社
10646 台北市大安區羅斯福路三段
37 號 7 樓之 1
TEL：+886-2-2369-6912
FAX：+886-2-2369-6990

銷 售 處　**源流成文化股份有限公司**
10646 台北市大安區羅斯福路三段
37 號 7 樓之 1
TEL：+886-2-2369-6912
FAX：+886-2-2369-6990

初版一刷　2019 年 6 月 28 日
定　　價　新台幣 300 元
港　幣 80 元
I S B N　978-988-8637-01-0
印　　刷　長達印刷有限公司
台北市西園路二段 50 巷 4 弄 21 號
TEL：+886-2-2304-0488